编 委 会

主　编：衡智蓉

副主编：李晓燕　王　源　熊星虎　高　勇

编　委（排名不分先后）：

戢利蓉	易鸿灵	魏子英	黄　敏	帅慧书	陈　曦
刘海霞	朱　燕	章　琼	邓月琴	汪　华	李芳琼
徐　迟	余　敏	杨　群	汪波澜	袁小燕	范　琴
张璐萍	杨　静	解浩东	李柏增	屈　敏	方　玥
文秋月	黄　茜	李　叶	代亚秋	代红敏	张　兰
胡　敏	苑兴禹	邓万强	刘秀屏	曹　润	冯田园
程秀荣	陆　薇	满　香	姚丽萍	周　鸣	徐术根
李　藜					

素养导向的核心问题教学实践

的

主编◎衡智蓉

四川大学出版社
SICHUAN UNIVERSITY PRESS

图书在版编目（CIP）数据

素养导向的核心问题教学实践 / 衡智蓉主编 . 一 成都：四川大学出版社，2023.11
ISBN 978-7-5690-6440-7

Ⅰ . ①素… Ⅱ . ①衡… Ⅲ . ①初中－教学研究 Ⅳ . ① G632.0

中国国家版本馆 CIP 数据核字（2023）第 199912 号

书　　名：素养导向的核心问题教学实践
　　　　　Suyang Daoxiang de Hexin Wenti Jiaoxue Shijian
主　　编：衡智蓉

选题策划：张宏辉　梁　平
责任编辑：李　梅
责任校对：杨　果
装帧设计：裴菊红
责任印制：王　炜

出版发行：四川大学出版社有限责任公司
　　　　　地址：成都市一环路南一段 24 号（610065）
　　　　　电话：（028）85408311（发行部）、85400276（总编室）
　　　　　电子邮箱：scupress@vip.163.com
　　　　　网址：https://press.scu.edu.cn
印前制作：四川胜翔数码印务设计有限公司
印刷装订：成都市新都华兴印务有限公司

成品尺寸：170 mm×240 mm
印　　张：13.5
字　　数：257 千字

版　　次：2023 年 11 月　第 1 版
印　　次：2023 年 11 月　第 1 次印刷
定　　价：78.00 元

本社图书如有印装质量问题，请联系发行部调换

扫码获取数字资源

四川大学出版社
微信公众号

序　言

宝剑锋从磨砺出，梅花香自苦寒来。这本教育教学研究文集既是四川大学附属中学（下文简称"川大附中"）初中部近五年来核心问题教学系列研究的经验积淀，也是教师们敬业求新、与时俱进的专业能力增长的体现。正是因为这样，川大附中初中部才能持续保持深内涵发展，不断追求高质量发展，成为老百姓心目中的好学校。

我们编写的这本《素养导向的核心问题教学实践》收录了我校教师近五年来以两校区公开教研课为论述对象的教育教学论文及随笔、课堂教学设计和活动案例等。这些作品是教师们长期学习、实践、研究、反思后形成的研究成果。

全书按照校本研究主题顺序编写，为使读者更加清晰地了解教育教学论文及随笔论述的对象和主题，每一部分又按照研究主题、教学设计、教育论文或者随笔的顺序排列。近年来，我校围绕核心问题进行了以下研究：以核心问题为中介的综合实践活动课研究，以核心问题为中介的劳动教育课研究，核心问题视角下的学科选修课研究，大概念核心问题教学研究。全书反映了川大附中初中部近年来教育科研思想的基本内容和发展轨迹，便于读者学习理解核心问题教育思想。

幸福教育的关键就是让教师感受到教育所带来的幸福。教师的幸福源于教育教学工作的出色完成，源于莘莘学子的健康成长，源于自身专业能力的长足发展。华东师范大学叶澜教授说过，一个教师写一辈子教案难以成为名师，但如果写三年反思则有可能成为名师。作为新时代的教师，我们应该根据教育教学实践和自身的专业发展需要，开展灵活多样、注重实效的教学反思活动，不断总结凝练教育教学成果，这样才能真正成为一名研究型的教师，才会在不断的学习、实践、反思中成长发展。

川大附中初中部一直重视素质型、创新型教师队伍建设，以争做"四有好老师"作为每位教师的培养目标和职业追求，通过让全体教师参与校本教研、自主研修、教研组研训、名优教师工作室以及青蓝工程等方式培养优秀的人民教师，现已初步建成一支以素养导向为特质，专业知识深、教育能力强、教学水平高的研究型教师队伍。

教学研究的探索之路上，时时需要以"勤学如春起之苗，不见其长，日有所增"来自勉。每篇看似稚嫩的论文随笔，都可以成为教师前行的基石。"夜静海涛三万里，月明飞锡下天风"，对于川大附中初中部的教师们而言，未来的教研之路还很漫长，但只要我们秉持着豁达而自信的心境，身体力行地潜心研究，以教学素养为导向，最终一定会达成"躬耕教育，成人达己；科研强师，科研强校"的愿景，实现学校的跨越式发展。

《素养导向的核心问题教学实践》编写组

目　录

第二篇
以核心问题为中介的劳动教育课研究

第三篇
核心问题视角下的学科选修课研究

第四篇
大概念核心问题教学研究

第一篇
以核心问题为中介的综合实践活动课研究

核心问题是由课程核心内容生成的能够驱动整个课程学生活动的问题。综合实践活动课程是集综合、实践、活动、研究于一休的课程。综合实践活动课程的研究性体现在以下方面：在研究过程的规范落实中彰显研究性；在问题发现与问题表达中彰显研究性，引导学生从真实生活情境中提出问题；是有价值、能研究、可坚持的综合性问题；将问题转化为课题、项目名称及核心问题；在成果的提炼及表达中彰显研究性。

素养导向的核心问题教学实践研究

衡智蓉

摘 要：为深入贯彻党的二十大会议精神、落实立德树人的根本任务，川大附中初中部开展了以"素养导向的核心问题教学实践"为主题的一系列教学研究。本文通过分析课题研究背景，明确其内涵和特征，深入挖掘育人路径，以达到提高学生核心素养，实现课程育人价值的目的。

关键词：素养导向；核心问题；核心素养

党的二十大强调要办好人民满意的教育，全面贯彻党的教育方针，落实立德树人根本任务的基本要求。2022年4月，《义务教育课程方案（2022年版）》颁布，提出教育教学者应从"有理想、有本领、有担当"三个方面，着力培养学生的价值观、必备品格和关键能力，明确了义务教育阶段该如何培养时代新人的具体要求。为深入贯彻党的二十大会议精神、落实立德树人的根本任务、提升育人实效，川大附中初中部开展了以"素养导向的核心问题教学实践"为主题的一系列教学研究。

一、素养导向的核心问题教学实践研究背景

核心问题教学模式是川大附中在深耕了二十年之久的课堂教学实践后所总结提出的教育教学方法，其系列研究成果多次获得四川省人民政府普通教育教学成果一等奖。本模式是在新课程改革理论的基础上，以核心问题为导向，强化学生在"体验"中学习，实现教学的结果性目标与体验性目标相统一，从而获得更高达成度的一种教学活动规范形式。它突破了总是以知识为教学思维起点的演绎式教学惯性，开辟了一条以核心问题的提出和解决为起点的归纳式教学思路。其实施程序是：问题（提出问题）—活动（解决问题）—提升（归纳提升）—运用（运用反馈）。

结合川大附中初中部学情和教学实际，学校每学期都会让教师深入学习核心问题教学实践研究的相关成果，以求改善或重构课堂教学方式，提高学生自

主学习能力、探索问题能力及学习兴趣，提升课堂的教学效率，使学生逐步养成自主学习的习惯，促使学生在深度体验中不断提升自己的核心素养。

二、素养导向的核心问题教学实践内涵和特征

（一）素养导向的核心问题教学实践内涵

在课堂教学中，学生最难能可贵且能够有较大参与度的过程实践来自问题解决活动，这就需要有一个合适的问题或者任务来调动学生兴趣，我们将这样的问题或任务统称为核心问题。不是所有的问题都可以成为核心问题，核心问题必须是一节课的中心问题，围绕它的活动需贯穿整节课，从而激发并维持学生积极的心理活动和行为实践。

这也就是说，核心问题必须是在学生学习新知识之前就提出来的、能促使学生在问题解决活动中产生积极体验的问题，而且这些体验正好能成为新知识孕育、产生、生长的肥沃土壤。在一节课程中，在学生学习新知识之前，教师以一个核心问题调动学生的活动积极性，先由学生运用已有的显性知识和缄默知识独立或合作解决该问题，再由师生共同对问题解决的主观过程进行反思，并总结归纳活动中的体验，进而熟悉本节课所教授的新知识、新方法，使学生实现在深度体验基础上的学习。

（二）素养导向的核心问题教学实践的特征

1. 核心问题立意的活动性特征

核心问题立意的活动性特征指设计核心问题时的价值取向要有利于激发和推动学生的主动性。为此，核心问题要以学生主体之外的客体为内容，这是由于辩证唯物主义认为"主体与客体相互作用的基础乃是客体"，因而核心问题应该以学生之外的人与事为内容。

2. 核心问题立意的整合性特征

核心问题情境的整合性特征，指构成核心问题的材料或内容不仅要是主体之外的人与事，而且所涉及的自然、社会情况，均应是教科书重点内容与拓展内容整合后的产物。

首先，核心问题的情境应统摄相关课程教科书中的重点内容以及关键内容，使学生在第一次接触新知识时，就能把知识的产生与知识的运用环境、运用条件联系起来，把知识与方法联系起来。

其次，核心问题的情境应是教科书内容与其拓展内容的重组，使核心问题的情境比教科书内容更加丰富多彩，使师生的思维、情感能突破课堂，进入更为广阔而真实的生活天地，最终使学生获得丰富的个人与世界的关联体验。

3. 核心问题设问的适应性特征

核心问题设问的适应性特征，指核心问题的设问（或任务呈现方式）既要适应学生解决问题的心理、知识和能力等基础情况（特别是学生已有的体验积淀和缄默知识），又要适应课堂教学的时空条件。

4. 核心问题功能的引导性特征

核心问题功能的引导性特征，指核心问题应该具有引导学生达成深度体验尤其是关联体验的功能。核心问题的立意、情境与设问都要服务于学生的深度体验，其情境或者设问都应直接指向"关系""联系""关联"等要素。

核心问题的这四个特征是相互联系、相互影响的。教师在进行教学设计时，往往是通过核心问题的活动性、整合性、适应性和引导性初步确定核心问题，再确定核心问题关联体验的引导方向并反过来优化核心问题。

三、素养导向的核心问题教学实践育人路径

课程改革直接服务于"为党育人，为国育才"的初心使命。国家课程是国家意志的集中体现，承载着教育思想、教育目标和教育内容。育人作为课程的根本诉求，归根结底是为学生发展服务的，离开育人，课程就失去了意义与价值。素养导向的核心问题教学实践是川大附中初中部为落实立德树人根本任务，关注每一位学生个性成长而持续开展的有效课程教学改革实践。

（一）以素养导向的核心问题教学实践为载体，构建学校课程体系

学校课程作为高质量教育体系的重要组成部分和立德树人的核心环节，必须在新时代"五育并举"的理念下，从课程设置、课程结构内容和组织方式等方面进行深刻变革。教育部门新修订的课程方案与课程标准产生的新变化，为学校构建"五育融合"的育人体系提供了政策依据与行动纲领。

为优化川大附中初中部课程教学方案，学校依据国家课程方案、课程标准和省级义务教育课程实施办法，结合学校实际，以素养导向的核心问题教学实践为载体，编制适合本校的以"五育融合"为特征的学校课程体系实施方案，探索实践育人新模式。

（二）以素养导向的核心问题教学实践为支撑，助力全员全程的课堂实践模式

课堂教学方式变革是落实新课程理念的重要渠道。在追求学生核心素养发展的目标下，川大附中初中部创造性开展学科实践、跨学科主题实践、综合实践等教学活动，让学生的核心素养得到真正提升。

1. 学科实践

素养导向的核心问题教学将学科知识与真实情境相结合，让学生真正走向实践，在实践中深化认知。我校各学科教师每学年将根据所在学期的研究主题，结合学科特点，为全校教师上一堂研究课，着力在探究、体验和创造中培养学生的理解、感悟与动手能力，在学科教学中培养学生的核心素养。

2. 跨学科主题实践

新课标提出，各学科要用不少于10％的总课时设计跨学科主题学习，其目的在于强化综合育人理念，培育全方位发展的时代新人。为此我校设立了"基于大概念的跨学科融合课程"研究项目，通过设计大概念、大任务项目学习、主题任务学习等方式，将真实问题引入课堂，让学生在学习过程中主动实践探究、合作交流、体验反思，最终实现素养提升。

3. 综合实践

综合实践活动是国家课程的一部分，相较于其他课程而言范围更广、自主性更强。素养导向的核心问题教学模式以学生的自主探索能力为基础，如利用研学课程、劳动课程等，使学生通过实践获取直接经验，养成科学精神和科学态度，提高学生综合运用所学知识解决实际问题的能力，从而提升学生素养。

（三）以素养导向的核心问题教学实践为依托，推动教学评价改革

推进教育评价改革的目的是落实立德树人根本任务，促进学生全面发展。素养导向的核心问题教学从教育评价观念、评价方式方法等方面进行实践改革。

1. 更新教育评价观念

新课标强调对学生正确价值观、必备品格和关键能力的培育，注重对其价值体认与践行、问题解决表现的考查。因此，素养导向的核心问题教学模式要求教师在教学过程中树立科学真实、动态多元的评价观，从不同角度引导学生

做出科学、准确的自我评价，提升自身学习的能力。

2. 创新评价方式方法

《义务教育课程方案（2022 年版）》提出，要全面落实新时代教育评价的改革要求，改进结果评价，强化过程评价，探索增值评价，健全综合评价。在这一政策引导下，素养导向的核心问题教学更关注学生获得结果的过程，即注重过程性评价。

综上所述，川大附中初中部的素养导向的核心问题教学实践，是在深刻领会党的二十大精神，准确把握新课标要义下的一次推动学生核心素养全面提升的有益探索和成功实践。

参考文献

[1] 周义良. 核心问题教学中的学生深度体验研究 [M]. 成都：电子科技大学出版社，2013：23.

[2] 周光岑，陈明英，刘英. 课堂教学中的"核心问题"的特征 [J]. 教育科学论坛，2008（1）：13－15.

[3] 哈斯朝勒，郝志军. 我国义务教育新课标的育人旨向与实践路径 [J]. 人民教育，2023（5）：24－25.

池塘生态系统自净能力研究课教学设计

魏子英

素养导向的核心问题教学模式，是新课改理念下形成的创新课堂模式，是学生综合素养形成的切实保障。本教学设计是在核心问题驱动下开展的川大附中池塘生态系统自净能力研究，课程设计注重引导学生发现问题、提出问题并尝试解决问题，通过探究、实验、实践等多种学习方式，提升学生的核心素养以及探究能力。

一、教学分析设计

（一）活动分析

中共中央办公厅、国务院办公厅印发的《关于构建现代环境治理体系的指导意见》提出，要以习近平新时代中国特色社会主义思想为指引，推进环境保护宣传教育走进学校。本教学设计认为，以建设美丽中国为契机，"治理小微水体，管好神经末梢"，恢复校园池塘生态有其独特价值。

池塘或称涝池、大洼等，是一种小型湿地，主要由洼地自然积水或人工开挖而成。它较小而浅，拥有独立的生态系统。池塘是城市生态系统的重要组成部分，为提高城市生态环境质量做出了重大贡献。同时，池塘也是城市文化的活跃因子，纵观历史长河，有借物言情的"半亩方塘一鉴开""池塘生春草"等诗句，亦有朱自清荷塘月色的深情描述……太多诗词歌赋，将池塘作为描摹对象，池塘有着不可估量的文化意蕴。

川大附中的校园池塘，既是城市生态系统的组成部分，也为学校增添一抹颜色，池中锦鲤吸引了不少同学在课间前去观看。但是，目前学校池塘存在多方面问题。首先，从池塘生态系统的构成来看，其生物种类单一，仅有睡莲和锦鲤两种生物，不能完成水体自净，每隔一月就需要人工排水换水，浪费水资源和人力资源，不够环保。其次，从池塘的美观度来看，水池由水泥筑成，形状四四方方，缺少美感，既无白居易"晴空星月落池塘"的隐逸风韵，也无歌曲《童年》中描述的动人时光。最后，池塘的功能性不明显，除游泳池外，亲水活动已成为城市生活的奢侈品，池塘作为小微水体本应更具有亲和力——潋滟的清波、摇曳的花草，还有鱼儿、青蛙和不知名的昆虫，可为人们带来无穷乐趣。但目前学校的池塘明显不具备这样的亲水功能。因此，对学校池塘生态系统进行研究十分必要。

本门课程研究分为三个阶段：第一阶段是池塘自净能力研究，第二阶段是池塘亲水性研究，第三阶段是池塘养殖能力研究。本次课程是关于第一阶段即池塘自净能力的研究。

本节课是总课程的第四次课，是课程中的交流分享环节。

第一次课：①从学生现状出发，引出开发本课程的必要性，并提出本课程的核心问题：调查分析我校池塘水自净现状，开展实验研究，撰写实验报告，制作池塘水自净系统模型。②组建研究小组，通过实地调查了解池塘水质情况，提出问题：如何解决池塘水自净。

第二次课：学生分小组学习池塘生态系统知识和水质净化的不同方式，进行不同范围的实地调研，如考察活水公园等；各小组对不同对象进行调查，收集整理资料，对资料进行初步整合，根据学校实际情况选择适合的池塘水净化方式。

第三次课：①研究小组深入讨论后绘制模型图纸，进行池塘水净化模型制作；②观察记录数据，分析净化效果。

第四次课：分小组展示池塘水自净系统模型的设计与制作过程，相互交流和点评。本节课是对学生整个实践探究学习过程的梳理和总结，也是对学生这一阶段实践探究学习的肯定。借助本次课让学生体验到通过研究解决问题的乐趣，激发学生的研究积极性；同时使学生意识到自身的责任，主动参与到学校和社会生活中，增强社会责任感，增强环保意识。由此，确定本次课主题为"池塘水自净系统模型设计与制作及研究过程的展示交流"。

（二）学生分析

知识背景：初二学生已经具备如图 1 所示的知识基础和生活经验。

研究背景及意愿：我校是研究型学校，每年都有各种综合实践课程，学生具备一定的研究能力，可以通过教师指导以及小组合作完成课程研究。同时，现在的学生有一定的社会责任感，更愿意参与到类似的综合实践课程中，通过课程实践自己的想法，参与环境保护活动。

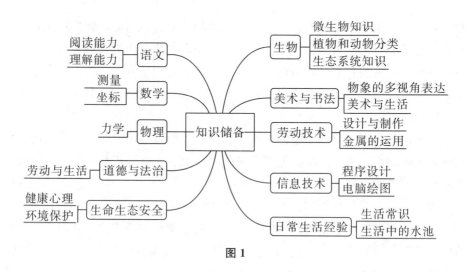

图 1

（三）资源分析

课程资源：学校是研究型学校，可以提供研究方法、研究过程的指导，也可以提供信息技术等方面的支持。

人力资源：学校生物组教师年轻又有活力，兼具教学经验和科研能力，可以对学生的池塘生态系统研究提出切实可行的建议以及指导意见。

城市资源：成都市正在向公园城市发展，城市中有较多湿地生态系统，可以给学生带来很好的启示和帮助。

网络资源：学生可以通过在网上查找相关知识，获取自己所需要的资源。

（四）目标分析

根据本课程规划纲要中确立的课程教学目标，基于本次课的活动分析及学生分析，本次课的教学目标如下：

1. 结果性目标

通过调查、设计、制作等，呈现我校池塘水自净系统模型，为打造美丽附中献计献策。

2. 体验性目标

调查分析我校池塘水自净现状，撰写实验报告，制作池塘水自净系统模型，体验和谐生态与美丽校园的关联，体验和谐生态与责任学习的关联，体验人与人之间的关联。

（五）媒体资源

本次课为室内展示交流课，主要教学媒体资源如表1所示。

表 1

教学资源	选用意图	来源
希沃	辅助推进教学环节，展示图片相互评价等	手机、电脑
PPT、投影	用于教学引入及小组展示交流	学校多媒体设备
黑板	板书课堂活动中的关键信息，呈现学生观点、辅助教师进行讲解	学校创客教室

（六）核心问题

调查分析我校池塘水自净现状，开展实验研究，撰写实验报告，制作池塘水自净系统模型。

二、教学实施设计

（一）教学环节

按课程规划纲要的课次进行规划，包括教学引入、展示交流、总结反馈三个子环节，具体教学设计如表2所示。

表 2

教学环节	学生活动	教师活动	设计意图
教学引入（约4分钟）	回顾前期课程学习的内容	展示现有池塘图片，播放前期课程视频，回顾前期课程，引入本次课程。说明本次课的学习任务：分组进行展示，交流各组的研究过程和模型	直接用池塘图片引入活动主题，通过视频回顾前期课堂，帮助学生梳理课程情况，并顺利进入课堂展示

教学环节	学生活动	教师活动	设计意图
展示交流 (约35分钟)	划分小组（生态滤床组、生物群落组、活性污泥组），各小组分别从提出问题和资料学习、水质检测和图纸设计、模型制作和数据记录等方面进行展示。其他小组认真聆听，提出意见或者建议	引导学生的展示与交流活动，记录各组展示交流要点，鼓励学生勇于自我表达，肯定学生在研究过程和展示阶段表现出的主动积极意识与大胆创新精神	展示研究过程以及效果；肯定学生的研究成果，梳理学生的探究过程，并说明选择某种研究方法的理由；在反思研究过程及成果的基础上，提升学生的研究能力和素养，突出我校"以研究型课程和研究型教师培养研究型学生"的办学特色
总结反馈 (约6分钟)	在教师的引导下反思课程内容	教师对研究方法进行归纳提升，对研究过程扎实的小组给予肯定。 教师提出相关建议，鼓励学生进一步完善成果	肯定学生有发现、研究、解决实际问题的社会责任感，有善于发现问题、提出问题、获取信息、解决问题、检验结果和推广运用的研究实践能力，鼓励小组成员间协同合作完成后续工作

（二）评价预设

1. 教学活动中对学生即时、口头为主的评价预设

教学引入环节：明确本节课的具体任务，让学生清楚这次课和前三次课的关联，对前期准备工作做得较好的小组提出表扬，鼓励学生在本次课堂上大胆发言、主动交流，营造积极的课堂氛围，激发学生学习热情，实现演讲者与倾听者的共鸣，以达到本次课的目标。

展示交流环节：通过对小组展示、交流过程给予激励性评价，促进学生进一步融入课堂，主动进行有效记录。重点引导学生把握语言表述、环节上的逻辑性，展现小组的合作能力，有效激活学生在交流展示时的个性化表现，主动调用已有知识处理临场情况，使课堂中充满新火花。

总结反馈环节：促使学生思考如何有效应用调查结果，不断优化相关建议，提升自己的研究素养，为后续环节的开展打下基础。

2. 教学活动后的评价预设

从本次课的教学目标（尤其是体验性目标）达成情况的视角，完成过程性评价表和总结性评价表。

（三）板书设计（图2）

川大附中池塘生态系统研究（第四次课）
——研究成果交流

课程核心问题：调查分析我校池塘水自净现状，开展实验研究，撰写实验报告，制作池塘水自净系统模型

交流展示：　　　　　　　　　　　　反思提升：

小组名称	研究内容	研究过程	创新点	局限性

图2

（四）教学流程（图3）

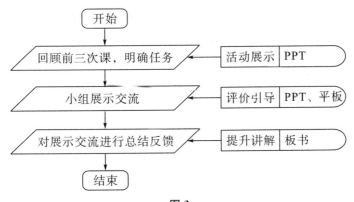

图3

绿水悠悠涤人心

——关于池塘生态系统自净能力研究课的一些思考

黄　敏

摘　要：本文是池塘生态系统自净能力研究课的听课感悟。课堂上，任课教师科学指导学生进行综合实践活动，带领学生一起对池塘生态系统进行研究，通过池塘自净能力研究、池塘亲水性研究、池塘养殖能力研究三个阶段，培养了学生的分析能力、推理能力、动手能力、沟通能力、写作能力和创新能力，基本达成了课程目标，解决了课程核心问题。

关键词：综合实践；生态系统；综合素养

"问渠那得清如许，为有源头活水来"，作为教师，我们希望自己是一汪清泉，能涤荡尘世的喧嚣，抚慰学生幼小的心灵，给他们前进的力量。在聆听了魏子英老师执教的综合实践活动课"池塘生态系统自净能力研究"之后，我更加深刻地认识到，一位优秀的教师，能够在深刻领会校本教研学习成果的基础上，科学指导学生的综合实践活动，不断激发学生兴趣，并促进学生综合能力的大幅度提升。毫不夸张地说，这次研究过程将令学生受益终身。

2016年初，笔者所在的川大附中初中部科华楼顺利竣工并投入使用，新建的校园池塘就像一颗熠熠生辉的明珠，为校园增添了不少亮色。但不久之后，师生们也发现，池塘造型方正，缺少美感，而且塘内生物品种单一，仅有睡莲和锦鲤两种，水质情况更是不容乐观。看到这个情况，生物组教师带领学生一起对池塘生态系统进行了三个阶段的研究：第一阶段是池塘自净能力的研究，第二阶段是池塘亲水性研究，第三阶段是池塘养殖能力的研究。

本次课程是第一阶段池塘水自净能力的研究。学生共分为"生态滤床组""生物群落组""活性淤泥组"三个小组。各组同学在明确核心问题后，通过实地调查、实验研究、设计制作模型、检测水质等步骤，积极探究如何实现池塘水的自净。

"生态滤床组"针对学校水池水质富营养化的问题设计了生态滤床系统（由活性炭、植物滤床、火山石组成），通过水循环净化水质。该小组不仅从节能环保的角度出发，利用太阳能为水循环提供能量，而且设计了小程序，以利用水质探测器监测水质，当水质不佳时机器将自动启动，进行过滤。

"生物群落组"针对学校水池生物群落结构单一的现状，前往花鸟市场实地考察，设计了不用换水的自净系统（包括泥沙、石头、水草、微生物、锦鲤、清道夫、螺蛳等）。该方案中巧妙地利用了大气压强，增设了一个自动补水系统，当水面下降到一定程度就可以从瓶内容器自动补水。

"活性淤泥组"在教师的带领下抽取了学校池塘水样，针对藻类过量繁殖等情况，查阅资料，考察活水公园，在学习活性淤泥法等新概念后，选择了以净化能力超强的活性淤泥作为净化系统的重要材料。

该小组成员精心绘制了设计图纸，并直接将池塘和净化系统做成模型，非常直观地展示了自净过程。通过编程控制，使其每半小时沉降过滤一次，而且可以接纳雨水或者生活废水等，在进行净化后补充池塘水量，非常环保节能。

开展活动不仅锻炼了学生的研究能力和动手能力，还提升了他们的社会责任感，增强了环保意识。组员们纷纷表示，可以借鉴其他小组的创新点，不断改进自己的设计。魏老师也提出，仅用某一组的设计很难达到理想中的效果，如果将三组的研究有机地结合起来，互相补充，净水效果将更加明显，还可为接下来的"池塘亲水性"及"池塘养殖能力"等研究打下更坚实的基础。

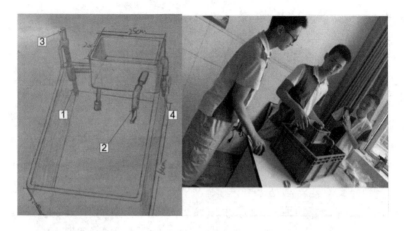

　　笔者认为，本次课程充分体现了我校综合实践活动课程的实践性、综合性、活动性和研究性。在活动课程实施过程中，学生能综合运用知识，在核心问题确立与解决的过程中获得丰富而深入的研究体验。接下来，笔者将从学生活动过程中综合性的体现来谈谈自己的理解与感悟。

　　池塘自净能力研究对于初二年级学生来说，是一个看似简单但需要有足够知识储备和研究能力的活动。在调查研究阶段，学生体现出了较强的沟通能力，安全顺利地完成了对物业人员的采访，收集到了湿地公园、活水公园的第一手数据。"生态滤床""活性淤泥""生物群落"等概念可能涉及未知的知识领域，学生们通过请教教师、查阅文献资料等方法，明确了研究现状和存在的问题，寻找到解决这些问题的方法。不仅如此，学生们还表现出较强的图纸绘制能力、模型制作能力，运用刚刚学习的物理知识设计自动补水装置，并利用电脑编程技术实现了净水装置的自动化。另外，他们不仅熟悉了水质检测方法，还能运用柱状图、线状图对大量的原始数据进行处理，为之后的研究提供了科学的依据。

　　在该门课程中，学生充分运用到了观察法、实验法、建模法、资料分析法、数据对比法等研究方法，笔者相信，在接下来的系列化课程实践中，他们会进一步深入研究，发挥各种能力，从而提升自身的综合素养。

　　当然，作为一门可以固化、序列化的综合实践活动课程，需要花费大量的课余时间进行组织筹划、讨论交流、查找资料、实地访问、制作模型等，在现阶段较为繁重的学习压力下，在有限的课余时间内，学生综合能力的展现不够充分，更缺乏深度。例如，学生制作的模型采用了编程的概念，使用了传感器，但都是较为简单的设计与模仿，并不能体现学生本身在信息技术和编程方面的优势，建议邀请本校信息技术教师加入研究，提供相关技术指导。

另外，由于本节课时间有限，更多的时间被用于学生阐述，没有充分展现首席教师的综合能力。在课堂点评过程中，教师发言也过于简单，没有起到足够的激励作用。建议教师充分了解学生研究过程，深度感知学生活动时的情绪，精心设计展示环节的课堂评价，及时发现课堂闪光点并进行精彩评述，激发学生继续参与综合实践活动课程的兴趣。

综合实践活动课程的开展与我校"培养-研究型"现代学校的办学目标高度契合，必将有效促进学生在活动体验中全面而有个性的发展。本次课程的研究过程，是学生分析能力、推理能力、动手能力、沟通能力、写作能力和创新能力的体现，基本达成了课程目标，解决了课程核心问题。同时，关注生态系统建设，改善校园环境，也是我们每一位师生的责任。我们相信，未来将会有更多的学生参与到实践研究中，融入学校建设和环境保护中。

校园书声琅琅，池塘绿水悠悠，这一江清水将不断涤荡人心，映射出校本教研成果的灿烂光辉。

池塘边的守望者

——池塘生态系统自净能力研究课观后

帅慧书

摘　要： 实践是认识的源泉，在"池塘生态系统自净能力研究"一课中，学生们从发现学校池塘的问题开始研究。在课程核心问题"调查分析我校池塘水自净现状"引导下，学生进行了各种探索，开展实验研究、撰写实验报告、制作池塘水自净系统模型，在核心素养方面得到了充分的锻炼。

关键词： 核心问题；实践性；综合性；活动性；研究性

笔者所属的川大附中初中部校园池塘刚修好时便存在一些问题，直到魏子英老师给他的学生们上了"池塘生态系统自净能力研究"这课，笔者才明白池塘的问题所在。首先，从池塘生态系统的构成来看，其内部生物种类单一，仅有睡莲和锦鲤两种，不能完成水体自净，每隔一月就需要人工排水换水，浪费水资源和人力资源。其次，从池塘的美观度来看，水池由水泥筑成，形状四四方方，缺少美感和诗意。因此，魏老师和学生们就成了池塘的守望者，开始了他们的研究之旅。

魏老师带着学生们把关于池塘的研究分成三个阶段：第一阶段是池塘自净能力的研究，第二阶段是池塘亲水性研究，第三阶段是池塘养殖能力的研究。本次课程是第一阶段即池塘自净能力的研究，共分为四次课。

第一次课的任务：

①提出本课程的核心问题：调查分析我校池塘水自净现状，开展实验研究，撰写实验报告，制作池塘水自净系统模型。

②学生组建研究小组，通过实地调查，了解池塘水质。

第二次课的任务：

①学生分小组学习池塘生态系统知识和水质净化的不同方式，进行不同范围的实地调研，如考察活水公园等；

②各小组对不同的研究对象、范围进行调查，收集整理资料，对资料进行

初步整合，根据学校实际情况选择适合的净化方式深入学习和研究。

第三次课的任务：

①研究小组深入讨论后绘制模型图纸，学习池塘净化模型制作方法。

②观察记录数据，分析净化效果。

笔者聆听的是第四次课，这节课的核心问题是：调查分析我校池塘水自净现状，开展实验研究，撰写实验报告，制作池塘水自净系统模型。学生分小组展示池塘水自净系统模型设计与制作以及研究过程。

其中笔者最感兴趣的是生物群落组。同学们考察了学校池塘，观察了水的颜色，对水样进行了检测，发现了学校池塘的问题：①植物单一，只有锦鲤和睡莲。②藻类太多，会和其他生物争夺氧气。③池塘中缺少足够的微生物会导致池塘的亚硝酸盐含量上升，影响水质。发现问题后，学生们开始查找资料，确定方向。接下来学生们开始绘制图纸，并根据图纸制造模型。学生们打造了一个鱼缸，放入睡莲、锦鲤、清道夫、小鲫鱼、水草等。在这个过程学生们进行了各种探索（比如刚开始的时候加入了多种生物，发现鱼死了不少）。接下来学生们展示他们制作的模型——一个完整的生态系统，紧接着检测水质，记录数据。最后处理分析，得出结论。学生们根据实验得出氨氮和亚硝酸盐含量在逐渐增高的结论，说明微生物没有得到及时分解，但另一项研究表明水质在不断变好。虽然短期内效果不明显，但是相信只要有足够的时间，效果应该会更明显。

魏老师的这节综合实践活动课程也满足课程固化与系列化的基本要求。

首先，课程具有实践性特征。学生自主发现并提出问题加以研究解决，绘制图纸，建构模型。课程基于学生实践，强调学生亲历，具有实践性特点。

其次，课程具有综合性特征。学生对池塘的水质进行测量、根据所得数据制作模型，还要进行编程，课程涉及多学科与领域的知识、能力与方法。不仅如此，学生不需要通过查阅大量文献资料，了解研究现状和存在的问题以及解决这些问题的方法，这就涉及学生各种能力的训练和发挥，对提高学生的综合素养大有裨益。在学科综合中培养学生的综合素养，充分体现了课程的综合性。课程具有活动性特征。全班学生分为三个组合作开展探究活动。从观察池塘到制订方案、修正方案、实施活动，记录并汇总整理实验数据、撰写实验报告，小组之间相互学习，取长补短，内部分工合作，互帮互助。整个过程中都少不了彼此之间的配方，少不了持续的思维的碰撞。研究推进过程中学生的活动方式多样、内容按层次递进，充分体现了课程的活动性。

最后，我们还看到了课程的研究性特征：三个组的研究都充分彰显了研究性。从观察学校池塘，到查阅资料、再到成都活水公园实地考察，据考察结果各自设计方案，都充分体现了课程的研究性。

本课程的核心问题是：调查分析我校池塘水自净现状，开展实验研究，撰写实验报告，制作池塘水自净系统模型。课程核心问题要求是真实问题，是学生运用多学科知识和生活经验才能解决的研究性新问题。核心问题的解决应该具有一定的社会价值，最后的研究成果不仅可以运用到学校池塘，还可尝试去解决一些黑臭水体顽疾。

该核心问题下形成的活动结果具有开放性的特征。比如生物群落一组就得出了一个开放性的结果，解决了一些问题，同时也发现还有一些问题有待解决，需要继续研究。核心问题还具有实践性特征，这节课的核心问题是基于学生的真实生活和真实发展需要提出的，这样的核心问题有利于学生动手动脑、全身心投入实践活动，有利于学生从个体生活、社会生活及与大自然的接触中获得丰富的实践经验。

此外，这个核心问题还具有综合性的特征。研究过程强调知识的综合运用，强调在问题的提出、分析、解决中打破学科界限，突出跨学科、多学科知识的综合运用，学生数学、物理、信息技术、生物、化学等学科的知识都要被调动起来。这样的课程利于学生综合素质的发展。本课程核心问题以学生为主体，使学生知道自己应该解决什么问题或者完成什么任务，能有效促进学生的自主活动。整个过程学生都在核心问题引导下自主进行。

核心问题的研究性特征也是非常突出的，包括考察探究、设计制作等，都体现了课程的研究性。学生在研究后形成的报告类、论文类、实物类、过程记录类等相应的研究成果，也是该课程研究性特征的体现。

关于魏老师的这节综合实践活动课，笔者尚有以下感悟。

（1）本文"池塘边的守望者"这个题目来自美国作家塞林格《麦田里的守望者》，书中主人公霍尔顿要守住的是人们内心的纯真。而今天，魏老师守着的是学生们的创新精神和对自然的那份情怀，守住的是池塘的纯净、健康，是对自然界的责任。

（2）魏老师带领学生设计了一套池塘救助方案，它是系列化的，是完全可以固化的，探索永无止境，希望还有后续的研究，为校园打造一个干净、充满生机的荷塘。

（3）佐拉有句名言，生活的全部意义在于无穷地探索尚未知的东西，在于不断地增加更多的知识。川大附中初中部一直在引领教师们和学子们做研究，研究已经成为学校的精神，培养了一批又一批富有研究精神的附中学子，激发了师生们的创造性思维。

研究性学习的教与学

——以多功能课桌椅设计实践研究课为例

陈　曦

摘　要：研究性学习以培养学生创新精神和科学思维为重点，对发展和提升学生核心素养具有独特的价值。笔者通过梳理综合实践课程"多功能课桌椅设计实践研究"的流程和收获，希望能为教师利用思想方法指导研究性学习的教与学提供参考。

关键词：研究性学习；核心素养；教学实践策略

一、研究性学习的界定

研究性学习，是指学生基于自身兴趣，在教师指导下，从自然、社会和自身生活中选择和确定研究专题，主动获取知识、应用知识、解决问题的学习活动。教育部颁布的《普通高中课程方案（2017年版）》明确说明，研究性学习由课题研究和项目设计两部分组成。现阶段研究性学习的实践形式主要分为综合实践活动课程、学科课程、课外活动、社会实践活动和课题研究几种。

综合实践活动课程属于研究性学习的一种。

二、课题的选择

笔者发现初三年级学生在校时间很长，他们长时间坐在教室里听课，使用学校统一配置的课桌和座椅，课桌和座椅是他们日常学习、休息的最重要的工具之一，进而提出"对课桌椅进行改造"这一基本课题。通过访谈学生，笔者发现学生在初中阶段身体发育较快，学校统一配置的课桌椅已经不能贴合每个学生的身体，于是修改课题名称为"改变课桌椅的高度和倾角"，在后续不断的师生沟通、生生沟通过程中，大家又觉得现在课桌椅的功能单一，因此最后确定课题为"多功能课座椅设计实践研究"。

三、组建团队

因为多功能课桌椅设计实践研究课要求参与课程的学生具有一定的动手能力和理论基础，笔者优先考虑的是初三的学生，一方面是因为他们刚刚学习过学校的特色编程课程，有较强的编程能力和动手能力；另一方面是因为他们在初三上学期学习了更加完整的数学建模知识、物理电学知识，具备一定的数学、物理学科思维方法。最终，笔者邀请了初三（1）班 7 名同学、初三（3）班 5 名同学、初三（9）班 3 名同学，共 15 名同学参与了课程。

四、课时设置

多功能课桌椅设计实践研究课共设置五个课时。

第一次课是提出问题环节，学生学习问卷调查相关知识及制作方法，组建团队并确定分工。

第二次课是解决问题环节，学生分小组翻阅文献、实地调研。这个环节学生用到了具体的观察法、调查法、访谈法、文献法等。

第三次课是解决问题环节，学生明确多功能课桌椅的创新设计方向及绘制图像方向，确定并收集模型制作需要的材料和工具。在这个过程中，学生结合了生活中的格子间、哨子建筑和共享单车、行李箱、小三轮、升降机等具体实物，从事物的典型形象推论事物的本质及规律，并创造性地设计出符合自己预期的图纸模型，制作出配套的图形说明。学生在这个环节用到了形象思维方法、逻辑思维方法和创造思维方法。

第四次课是解决问题环节，学生利用收集好的材料和工具，分组对课桌部分、座椅部分进行模型设计和制作。在这个环节学生用到了测量法、实验法和经验总结法。

第五次课是反思提升和评价反馈环节，学生整理小组成果并进行汇报，生生互评、师生互评，并将用到的思想方法进行总结提升。在学生的展示交流过程中，展示出用发展的眼光看待事物的特点。

表 1 课时设计

课时	目的	学生活动	思想方法
1	提出问题	学习问卷调查知识及制作方法，组建团队并确定分工	
2	解决问题	分小组查阅文献、实地调研、发放调查问卷、进行采访，进行社会调研	观察法、调查法、访谈法、文献法
3	解决问题	明确创新设计方向，收集材料和工具，绘制图纸模型，配套图形说明	形象思维方法、逻辑思维方法、创造思维方法
4	解决问题	模型设计和制作	测量法、实验法、经验总结法
5	反思提升、评价反馈	整理小组成果并进行汇报，生生互评、师生互评	

五、规范流程

为保证课题顺利高效进行，教师需要对执教流程进行规范设计。

（一）明确时间节点

课程开展时间为 2019 年，组建团队时间为 10 月 24 日到 10 月 27 日，搜集资料时间为 10 月 28 日到 11 月 3 日，绘制图像时间为 11 月 4 日到 11 月 10 日，模型制作时间为 11 月 11 日到 11 月 26 日。凭借明确的时间节点，在设计教学活动和学生学习活动内容时，能够清楚每个时间段的重点。

（二）明确学生分工

在学生组建团队时，教师需要根据课程的预设重点对学生提出明确的分工建议。建议每小组分设组长一名，负责老师和学生之间的沟通以及整个小组工作的统筹。其次分别将创意设计、资料收集、图像绘制、模型制作、过程记录、PPT 制作、资料整理等相关工作分配到人，建立学生的合作意识和责任意识。这样，教师也能够及时跟进学生的学习进度，准确联系到主要负责人。

表 2 小组分工

组长	组员	创意设计	收集资料	绘制图像	模型制作	记录过程	汇报 PPT	意见收集

（三）规范的建议和专业的帮助

与传统课堂不同的是，校本综合实践课程是以学生为主体的课程。教师作为课程的开发者和参与者，应该在整个教学进程中给予学生规范的建议与专业的帮助，做学生学习路途上强力的后援。

学生思维活跃、动手意愿强烈，但是遇到了具体的问题，没有相对规范的解决方法。如在搜集资料的过程中，第二组学生有很多灵感，但是不知道在哪个专业的学术网站查找相关文献，这就需要教师参与进来，教导学生如何在中国知网等专业学术网站上搜集信息。又如在绘制图像的过程中，第一组学生用漫画画出了他们想要设计的课桌椅，但是没有标注明确的相关数值单位，也没有绘制正视图、侧视图、俯视图，此时需要教师给予标准的数字标注示范和具体的绘图要求。再比如在交流分享环节，三个小组的学生都将他们在发现问题、解决问题中使用的思想研究方法表达了出来，但是他们没有办法将这些思想研究方法进一步提炼，这就需要教师帮助学生，将他们使用到的思想研究方法梳理出来。

六、自我反思

笔者在执教本次课程的过程中主要关注思想研究方法对研究性学习的指导作用。笔者发现，在综合实践课程的每个环节，学生都运用了大量的思想方法解决具体问题，这使每个学生都能够真正成为一个探索者、发现者、研究者。作为课程的开发者和参与者，笔者也有很多收获。

（一）用发展的眼光看待事物

辩证唯物主义哲学强调用发展的眼光看待事物，课程中学生用发展的眼光审视生活中常见的课桌椅，从而提出了不同的改造意见；教师也需要用发展的目光去看待学生，他们对课桌椅的需求是变化的。同理，经过两年多的学习，他们探索真理、改造事物的能力也在发生变化，我们应该正视这样的变化，并对学生日益增长的个性化需求给予回应。

（二）实践出真知

整个课程中，学生的参与程度非常高，从设计课题和搜集资料到最后形成成果交流展示，学生们真正进入了实践课堂，不自觉地使用了各种各样的思想研究方法。同理，教师也跟随学生一起学习，从课题的提出到调查问卷的设计与数据处理，从改造目标的确定到制作模型的材料选择，从编程软件的应用到专业知识的建构，都需要比学生更快一步，这样才可以在学生需要专业帮助的时候给予支持，做他们的后援。

（三）进行思想方法的指导

当然，本次课程依然有不足的地方。展示课上，笔者更多地关注学生的活动和表现，教师的引导作用被弱化了。在以小组为单位展示后，笔者应该更多地从专业的角度对他们进行点评，及时将他们提到的思想研究方法进行整理，并合理板书出来，在他们表述不当时指出其不足。作为基础教育的一线教师，在教学设计和教学实践中，目标都应该指向思维与方法，指向核心素养的培养和社会责任感、创新能力的提高。这也是笔者在今后的教学实践过程中需要继续注意的地方。

研究性学习既是一种学习方式，又是一种教学方式。研究性学习具有复杂性，教育工作者因为个人教学经验的不同对研究性学习的理解也都不同，所以在开展研究性课程教学时所采取的方式方法也是不一样的。笔者希望在教与学的过程中，通过指导学生熟练应用相关思想方法解决问题，促进学生核心素养的发展。但由于自身的教学经验有限，不足之处还有很多，笔者也会在今后的教育实践和研究中持续关注这一领域。

参考文献

[1] 王枫. 高考改革背景下基于研究性学习的创新人才培养——上海市推进高中生研究性学习的调查分析与未来展望 [J]. 创新人才教育，2018（4）：52—56.

[2] 何兰田. 高中研究性学习课程实施的探索与思考 [J]. 湖北教育（政务宣传），2019（10）：8—11.

[3] 孟娜. 研究性学习实践方式的现状与对策 [D]. 济南：山东师范大学，2019.

在解决问题的过程中提升核心素养

——以多功能课桌椅设计实践研究课为例

刘海霞

摘　要：以素养为导向的教育注重培养学生的核心素养，特别是其在真实情境中解决问题的能力。学校综合实践活动研究课"多功能课桌椅设计实践研究"就从多个方面培养了学生的思考探究、沟通交流、团队合作、自主创新等核心素养。

关键词：实践研究；核心素养

课程教材要发挥培根铸魂、启智增慧的作用，必须坚持马克思主义的指导地位，体现马克思主义中国化的最新理论成果，体现党和国家对教育的基本要求，体现国家和民族的基本价值观，体现人类文化积累和创新的成果，必须进一步明确"培养什么人、怎样培养人、为谁培养人"的根本问题。2016年3月教育部印发《关于全面深化课程改革落实立德树人根本任务的意见》，2022年4月教育部印发《义务教育课程方案和课程标准（2022年版）》，上述文件都强调了教育工作者要以素养为导向，注重培养学生的核心素养，特别是其在真实情境中解决实际问题的能力。

为了适应新时代的需求，充分发挥教育的社会功能，提高学生的核心素养，综合实践课的开展十分必要。笔者所在学校的陈曦老师展示了一堂生动、精彩的综合实践活动研究课"多功能课桌椅作品的成果展示与交流"。本次课程具有高度的综合性、实践性、活动性以及研究性。课程基于核心问题"调查初三学生对学校现有课桌椅的使用现状，形成调研总结，设计多功能课桌椅项目设计书并制作模型"进行课程开发，共开设五次课。

第一次课是提出问题环节：

①学生认识课程，从现状出发引出本课程开发的必要性，提出本课程的核心问题。

②学习问卷调查基础知识及制作方法，明确研究对象、范围，查阅相关资

料并设计调查问卷。

③学生组建团队、小组探讨并确定调查问卷设计、收集调查问卷结果、分析调查问卷、提出改进计划、绘制图像及制作模型、汇报工作、记录课程开发情况的分工。

第二次课是解决问题环节：

①学生分小组进行不同范围的实地调研，包括但不限于问卷调查、师生家长采访、学校社会调研。

②各小组对不同的调查对象进行调查，收集整理数据，对数据进行初步分析。

第三次课是解决问题环节：

①学生在本次课收集汇总组内同学的想法，发表观点并展示，形成文本资料。

②明确多功能课桌一体化的创新设计方向，绘制图像，确定并收集模型制作所需要的材料和工具。

第四次课是解决问题环节：

学生利用收集好的材料和工具分组对课桌部分、座椅部分进行模型设计和制作。

第五次课是反思提升和评价反馈环节（本次课）：

①学生整理小组成果并进行汇报，小组内自评。组外、师生互评并给出意见。

②课后整理相关资料，形成最终的调查研究报告、模型结构。

本次课的教学内容主要是各组学生展示交流在综合课中的成长体会和成果，并对本次实践探究活动中自己和他人的努力成果进行自评和他评，师生共同对评价意见和心得体会做出总结。

在课堂上，学生分三组进行展示交流，每一组都展示得非常精彩。他们首先对初三450名学生进行了采访，采访内容包括对现有桌椅高度、宽度、舒适度、便捷性、收纳功能等方面的意见及建议。接着他们查阅资料了解国家技术监督局对学生桌椅的相关规定，进行市场调研，了解共享单车的座椅调节、汽车座椅的调节、婴儿车太阳棚的调节、水杯支架添置、收集支架的分层等内容。然后各小组改进桌椅功能、外形、色彩等，并绘制图像，制作PPT。接下来学生购买材料、工具，进行模型制作。

在这个过程中，学生经历了选材、色彩配搭、制作失败、作品达不到预期效果的历程，然后他们重新购买材料、设计程序、调整功能、制作模型、展示作品、分享交流。最后学生展示的作品相较于原有的桌椅，储物空间增大、坐感更舒适、搬动更便捷、高度调节更方便。

经过本次课程的磨炼，学生的合作精神、沟通交流能力、自主创新能力、动手实践能力、思维能力等核心素养，特别是在真实情境中解决问题的能力得到了很大幅度的提升。本次课程主要培养了学生以下几个方面的能力。

（1）培养了学生的合作能力。

当今社会是一个知识爆炸的社会，新知识、新事物不断出现。在整个课程进行的过程中，学生设计问卷调查的内容，进行问卷调查、收集数据、采访发问、摄像、实物研究、创意设计、PPT 制作、购买材料、工具，制作模型、编制程序、展示模型，分享课程等活动，这其中的环节离不开与组内其他成员的分工合作。当在这个过程中出现了时间冲突、意见不统一、设计与实际制作存在差异等情况时，他们必须协调好各方的关系，作为一个团队继续前行，这充分培养了学生的合作意识与能力。

（2）培养了学生坚持做成一件事的思维能力和坚韧品质。

认识课程的核心问题，了解桌椅的标准、功能，自建团队，确定研究对象，提出设计方案并收集整理资料，这个过程本身对于参与的学生来说就是一种思维能力的锻炼。这种经历会让学生明白从事一种设计前需要做的前期工作，其次也让学生明白要有计划地去做事，既然确定了目标，遇上困难需要想办法克服，最终才能把一件事做成，这培养了学生坚韧的品质。青春期学生对一般的问题能够透过现象进行概括和总结，能从不同的角度、全面地考虑问题，并且通过综合、分析、推理找出现象背后的本质和规律；他们喜欢打破砂锅问到底，有初生牛犊不怕虎的闯劲，但有时由于缺乏交流技巧，容易遭遇挫折。掌握了学生的思维特点，我们就能因材实施，促进学生思维能力的发展。

（3）培养了学生的沟通能力。

要做出令人满意的桌椅创意设计，就需要有目的地行动，如收集老师和同学的想法，调查的过程就是在提升学生的交往沟通能力。交往沟通能力是一个人是否能很好地融入社会的重要能力，对于一个人心智的发展尤为重要。对中学生来讲，学校是社会的缩影。例如，调查中的问题是否能表达自己想要调查的内容、语言表达是否准确、交谈时是否有亲和力都会影响调查的结果。学生在小组上的个人展示也是沟通能力的体现。

（4）锻炼了学生的实践探究能力。

综合实践活动是培养学生探究能力的有效载体，是培养学生创新精神、实践能力的前提。在授课时，教师摒弃了以往"说教式"的教学模式，结合教材内容创设有效的探究情境，在不断探究的过程中逐渐培养学生的学习能力，提高了学生的观察能力、动手能力、思维创新发展能力。教师的鼓励、引导、回应是对学生探究能力的认可，能够增强学生探究的自信心。在综合实践教学过程中，教师根据课堂内容的需要，选择恰当的教学模式，允分发挥了学生的主观能动性，使学生的能力在轻松的环境中得到较大提升。

源于实践，归于实践

——浅谈多功能课桌椅设计实践研究课的实践性与研究性

朱　燕

摘　要：综合实践活动课的核心意义在于通过实践推动创新发展，通过实践检验创新成效。本文通过对多功能课桌椅设计实践研究课的回顾，对学生在教学过程中的自主性、合作性和实践性等表现进行了系统分析，指出培养学生自主发现、学习、研究的品格并锻造较高的综合素养，是实践课程的核心目的。

关键词：实践研究；创新；研究性

创新是力量之源、发展之基，科学的本质就是创新，科技发展靠创新。实践是创新的源泉，推动实践的发展，是创新的根本目的，也是检验创新的标准。爱因斯坦说过，想象力比知识更重要，因为知识是有限的，而想象力概括着世界上的一切，推动着进步，是知识进步的源泉。而这也是我们开展综合实践活动课的核心意义所在。

笔者聆听了川大附中初中部陈曦老师的多功能课桌椅设计实践研究综合实践活动课的第五次课，在一个个精彩创意作品中感受到了师生的研究精神。

刚上课，陈老师就与同学们一起回顾了前四次课的主要内容。

第一次课是提出问题环节：从学生的现状出发，引出开发本课程的必要性，并提出本课程的核心问题。

第二次课是解决问题环节：学生分小组进行不同范围的实地调研，收集整理数据，对数据进行初步分析。

第三次课是解决问题环节：学生在本次课收集汇总想法、讨论发表观点并展示、形成文本资料、明确多功能课桌椅一体化的创新设计方向、绘制图像，确定并收集模型制作时需要的材料和工具。

第四次课是解决问题的环节：学生利用收集好的材料和工具分组对课桌部分、座椅部分进行模型设计和制作。

第五次课是反思提升和评价反馈环节，本文评述的正是这节课。本节课分三个小组展示"对课桌椅缺点的研究—组建团队—研究改进设计方案—绘制图样和制作模型—展示模型"系列活动，层层递进，以加深学生的整体感知，让学生体验到学习的快乐。

第一组是存储空间改造小组。通过采访调查，小组发现同学们平时使用课桌椅时存在储物空间不足的问题。小组首先从桌面扩大、抽屉分层、桌腿增高三个层面对课桌进行改造，从手机支架联想到可以在桌面上设计平板支架以及放小东西的桌面横板。然后对椅子进行改造，在椅子背面设计可以放置更多书籍的书箱，并制作了能自动伸缩的格子抽屉。

第二组是舒适度改造小组。小组通过调查发现，本校课桌椅要么椅子太矮、桌子太高，无法调节，够不到桌面；要么椅子太高、桌子太矮，容腿空间小。因此，小组想到从桌椅的舒适度层面进行改造。通过问卷调查，小组也发现一半多的同学认为课桌容腿空间不适，椅子靠背不适。明确了调查方向，小组立即着手进行市场调研，收集数据并进行归纳，然后绘制图表，利用编程以及物理电学知识制作模型。课堂上小组展示了研究成果：桌面下安装支架使桌面倾斜，更方便书写；用马达加齿轮自动调节桌子高度；将现在桌下固定的横杆改为活动式的；通过触摸按钮使得椅背倾斜，坐着更舒适；在椅面下方安装风扇，以便在天气炎热时散热。

第三组是便捷性改造小组。通过问卷调查并绘制扇形统计图，小组发现多数同学对课桌椅便捷性的要求较高。研究小组发现在运动会搬运桌椅上下楼时，周五做清洁搬运桌椅时都很不方便，便设想能否将椅子做成行李箱的样子。行李箱最重要的是轮子，怎样选择轮子呢？旱冰鞋下面的轮子、火车下的钢轮以及坦克下的履带都是小组成员考虑的对象。经过多方查阅资料、仔细斟酌，最后小组仿照稳定性更好、接触面更广的三轮车轮子做了拉杆椅子的轮子。中午午休时间，有同学喜欢抓紧时间做作业，影响了他人休息，怎样才能二者兼顾呢？小组仿照婴儿车设计，在课桌两边设计了一个遮光棚，运用舵机、主板和电池实现自动升降，将课桌以及人肩部以上的部分遮住，以免影响他人休息。

三个小组的现场展示结束后，陈老师让同学们互相交流与分享，学习其他小组在实践研究过程中的创意设计和研究方法，对每个小组的课桌椅设计活动进行了总结回顾，并注重思想方法的系统性归纳总结，在解决问题的思想方法中彰显研究性。

纵观本节综合实践活动课，笔者的认识和理解如下。

一、选题有实践意义

课桌椅设计远没有看上去那么简单，应该充分考虑学生的需求。但在实际应用中，我们的课桌椅往往是统一制式的，考虑的是尺寸和统一摆放，无法满足学生的个性化需求。合理的课桌椅设计要以人为本，符合学生的生理和心理需求。安全方面主要看课桌椅结构是否牢固，表面是否光滑，边缘是否有明显的突起或尖锐的棱角；舒适方面主要看其是否契合人体工学需求，能否方便使用各项功能；健康方面主要看课桌椅材料是否环保，使用过程中能否有效避免驼背、近视等情况发生。

二、专注方案设计

（一）问题彰显研究性

从学校课程开发研究方向来看，课程指向"项目设计"类，学生在研究过程中展现的自主性、合作性和实践性都彰显出了较强的研究性。由于初中学生课业压力重，日常经常使用课桌椅，由此提出了本课程的核心问题：调研初三学生课桌椅使用现状，形成总结，设计多功能课桌椅项目设计书并尝试制作模型。这一问题的提出来源于学生的切身需求。这说明学生们是从生活需要中发现问题，从观察中发现问题，从比较中发现问题，从联想中发现问题，这正是课程研究性的彰显。

（二）学生活动彰显研究性

《中小学综合实践活动课程指导纲要》提出，综合实践活动是从学生的真实生活和发展需要出发，从生活情境中发现问题，进而转化为活动主题，通过探究、活动、制作、体验等方式，培养学生综合实践素质的跨学科实践性课程。师生在整个过程中的活动路径为"发现问题—组建团队—提出问题—搜集资料—制订方案—绘制图样—制作模型—展示模型"等，并在活动中逐渐体验提出问题、发现问题、解决问题、反思提升、修改完善等科学研究过程。在整个课程中，同学们没有简单模仿，而是团结协作、善于思考、勤于动手，从课桌椅的结构、形态、功能等方面进行了深入研究，设计出模型并展示，所有学生活动都源自学生的直接经验，充分彰显了综合实践活动课程的综合性、实践性、活动性以及研究性。

（三）成果彰显研究性

本次课主要是各组学生展示交流在综合课中的成长体会和成果，并对本次实践探究活动中自己和他人的努力成果进行自评和他评。三个小组在创意作品展示与交流中的表现应该说是可圈可点的，他们从设计过程、设计作品的功能、设计思想等方面进行了全方位的展示，其中课桌椅模型成果的实物展示尤为难得。课后学生整理相关资料，形成最终的调查研究报告、模型结构。这些物化成果深化了主题研究与学生体验，彰显了较强的研究性。

三、实践应用方面有待深入

三个小组的学生在创意作品展示和交流中的表现可圈可点，表现出良好的探究和实践精神。但是，学生在设计时对课桌椅功能实现考虑不够周全，如第二组学生考虑的座椅通风、电动调节，对教室大小、课桌椅尺寸限制、电源设计改造方案、今后可能的课桌椅位置调整、经费投入等方面考虑不够，在研究的深度方面还有待加强；在第二组学生谈到采用坚硬的材料来解决第一组学生设计的口哨型椅背的平衡性时，教师如果能从物理学科的角度进行指导，将更能引导学生思考该方案的可行性、适用性、必要性。另外，对三个小组从不同维度开发的设计方案的重叠部分进行整合，可能会使教学思路更清晰。

实践是检验真理的唯一标准，实践可以不断推动创新活动的发展，这也是我们开展综合实践活动课的核心意义所在。虽然本课还有些许不足，但是瑕不掩瑜，教师准备充分，学生学习认真，达到了本节综合实践课的教学目的。

事物的正确答案不止一个

——谈思想方法融入课程以彰显课程研究性特点

章 琼

摘 要：事物的正确答案不止一个，寻找第二种答案或是解决问题的其他途径，有赖于创造性思维的开拓。本文以校本研究课"多功能课桌椅设计实践研究"的第五次课为例，从思想方法角度探究本堂课所彰显的研究性特征的呈现过程与价值意义。

关键词：思维模式；思想方法；研究性；创造性思维

《事物的正确答案不止一个》是人教版语文教材九年级上册课文，选入部编本教材时编者把标题修订为《谈创造性思维》，内容无任何变化，但为什么放在部编本教材里就换了标题呢？

文章开头，作者让读者从四种图形中找出一个性质与其他三个不同的图形。由于看图的角度不同，人们得出的答案也不同。作者特别强调，"'正确答案只有一个'这种思维模式，在我们头脑中已不知不觉地根深蒂固。事实上，若是某种数学问题的话，说正确答案只有一个是对的。麻烦的是，生活中大部分事物并不像某种数学问题那样。生活中解决问题的方法并非只有一个，而是多种多样"。作者通过一个具体问题，引起读者思考，读者得出不同结论的过程正是其独立思考探究问题的过程。作者认为让读者不满足于一个答案，不放弃探求，进而寻找解决问题的其他途径和方法，有赖于创造性思维。笔者认为这个过程是需要用思想方法来引领的。

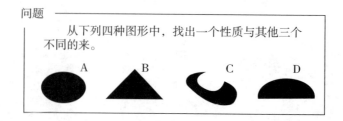

问题

从下列四种图形中，找出一个性质与其他三个不同的来。

A B C D

从以上分析可发现，部编本编者抓住了课文的核心在于创造性思维，而非只是让读者回答开篇的问题，故把标题修订为《谈创造性思维》。

川大附中初中部陈曦老师"多功能课桌椅作品的成果展示与交流"课是综合性实践课程多功能课桌椅设计实践研究的第五次课，学生设计的课桌椅拥有的多功能特点让观摩教师赞不绝口。教师们非常好奇陈老师是怎样带领学生做出如此具有研究性、创造性的多功能课桌椅的。

笔者想以陈老师这堂课为例，探讨思想方法如何融入课程，达成培养学生创造性思维的目标。

所谓思想方法，是指人们为了某种目的所采用的、能达到预期效果的思维方式和行为方式。本节课的结果性教学目标为：

（1）能科学制作调查问卷，进行数据统计和分析，形成调研总结。

（2）能针对调查报告中学生的重点需求，设计多功能课桌椅项目书，并尝试制作模型。

当我们用某种思想观察、处理问题时，思想就有了方法的意义。学生通过制作调查问卷，对课桌椅的使用情况进行调研，以便更好地设计、制作多功能桌椅。学生在调研过程中运用的思维和行为方式即思想方法，而这些思想方法能解决生活中的具体问题，满足学生对课桌椅的个性化需求。

思维方法大致分为三个层次：哲学观点方法、一般思维方法、具体思想方法。以哲学思维方法为例，设计者或被调查者（学生）关注到课桌椅与身体的关联，如身体舒适度（包括腰椎、视力、身高、体重等）；课桌椅与生活的关联，如生活便捷度（包括学习、休息等）。学生在观察、调查、分析的基础上，大胆实践、检验他们对课桌椅最初的认识是否正确，正是哲学思维方法的具体体现。

其次学生在实践过程中大胆运用了物理力学、数学建模等学科思想。借助物理力学、数学建模等概念，进行判断、推理，揭示课桌椅设计需要解决的根本问题，以科学严谨的态度去研究，探寻多功能课桌椅设计的一般规律。除满足学生的基本需求外，还要想象此多功能桌椅能否满足学生的审美需求，比如色彩搭配、外形等均需加以考虑，需要运用形象思维方法大胆想象、联想，以事物的典型形象揭示其本质和规律。

具体思想方法又可以分为学科思想方法、技术方法、学习方法、解题方法、研究方法等。陈老师在学情中谈到学科知识方面，初三的学生已经学习过物理、数学、计算机等学科，对物体受力情况的分析、数学建模有了初步的浅显认识。整个探究过程中师生也运用到了收集课桌椅具体使用情况和问题反馈的调查方法，在观察、思考基础上大胆推测、判断和实践，并对结论进行检验。这个思维过程包括推理统计、分析和综合、归纳与演绎、比较与分类等。

最突出的具体思想方法是调查研究法。对学生课桌椅使用现状的调查研究，对课桌形状和制式的研究，包括对本校课桌椅调配情况的采访，对课桌椅的具体使用情况的观察记录，有针对性的调查问卷的设计……这些都是在有目的、有计划、有系统地了解学生对课桌椅的真实需求，力求从中发现目前课桌椅使用过程中存在的一般性问题。文献研究法、调查研究法、现象观察法、问卷调查法等属于研究性思维方法的体现。学生根据课桌椅的一般性和个性化需求，结合各自擅长领域，进行组队、分工、合作，在教师的带领下共同推进这项研究工作。

课程的目标培养也彰显了课程的研究性。陈老师开设此课程，旨在激发学生的创造热情，提升创新精神、实践能力和综合素质。陈老师是一位研究型教师，着力于培养学生的创造性研究性思维，同时也契合我校"培养－研究型"现代学校的办学目标及"既对学生现在成长负责，又对学生未来发展负责"的办学理念。

课程问题的提出和解决也彰显了课程的研究性。课桌椅是学生每天需要与之打交道的物品，要对其进行设计则需要用冷静、客观的眼光来审视它们。《谈创造性思维》一文中谈道，"麻烦的是，生活中大部分事物并不像某种数学问题那样。生活中解决问题的方法并非只有一个，而是多种多样"。"多功能"一词恰好满足了学生许多个性化的需求。只有在"多功能"上做文章，才能满足学生的需求。

《谈创造性思维》这篇文章的结尾谈道："任何人都拥有创造力，首先要坚信这一点。关键是要经常保持好奇心，不断积累知识；不满足于一个答案，而去探求新思路，去运用所得的知识；一旦产生小的灵感，相信它的价值，并锲而不舍地把它发展下去。如果能做到这些，你一定会成为一个富有创造性的人。"在本课程的研究和探索过程中，师生不仅得到了思维能力的提升，还在研究过程和成果展示中获得了满足感、愉悦感。也希望其他教师能像陈老师一样，从思维方法的角度培养学生的创造性思维，彰显课程的研究性价值，回归教育的本真和意义。

川大附中初中部毕业典礼方案设计课
教学设计

邓月琴

以素养为导向的综合实践活动课是一种跨学科、注重在活动中激发学生学习研究热情的教学模式。本课在核心问题"通过访谈分析我校毕业典礼现状，结合学校特色，改进毕业典礼方案并提交学校"的驱动下，引导学生发现问题、提出问题、解决问题，通过访谈、分析、整理等实践探究活动提升学生开展跨学科研究以及解决问题的能力。

一、教学分析设计

（一）背景分析

"培养什么人"，是教育的首要问题。新时代的中学生，除应具有勤奋、诚信、勤劳、简朴、遵规守纪、尊敬师长的品质外，还要有家国情怀、健全人格、健康体魄、创新思维等。多年以来，川大附中初中部坚持打造"培养－研究型"学校，积极进行"未来学校"建设，潜心根植基础教育，引领创新研究，致力于培养"全面发展，长于研究"的学生。学生进入学校后，经过多方的教育培养，应具备一定的创新研究能力。

初中阶段学生的逻辑思维有了一定的发展，但很大程度上还属于经验性思维。中考结束后，学校会组织一场毕业典礼，但是由于各方面原因，毕业典礼存在诸多遗憾。在课后与学生交流过程中，笔者发现以往的毕业典礼由学校德育处牵头、年级组负责，整个毕业典礼大多由教师设计组织完成，学生参与度不够，很难做成学生心目中最想要的毕业典礼。而事实上，学生对于毕业典礼也有他们自己的思考。

因此，笔者计划开设本次课程，在课程实施过程中结合学校特色和学生实际情况，激发学生从多角度思考问题，锻炼学生多元思考问题、分析问题及解决问题的能力，并在解决问题的过程中提升其综合素养，培养、增强其社会责任感和创新精神。同时，整个毕业典礼会涉及创意、音乐、舞台、灯光、文案、制作、表演等多个方面，在课程的实施过程中一能培养学生的创新能力，二能激发学生对信息技术应用的兴趣。本次课程的教学对象是初二学生，该年龄段的学生思维开阔，能基于自身需求进行大胆创新。学生大都参加过学校艺术体育节、诗歌朗诵等大型活动，基本能够通过访谈、查阅资料等形式描绘出自己心目中最想要的毕业典礼。

川大附中初中部毕业典礼方案设计课是一门综合实践活动课程，具有综合性、实践性、活动性以及研究性。课程基于核心问题"通过访谈分析我校毕业典礼现状，结合学校特色，改进毕业典礼方案并提交学校"进行开发，开设五次课。本文为第四次课的教学设计。

第一次课：提出问题环节。本次课的主要安排内容如下：让学生认识课程，提出核心问题，学习毕业典礼设计的相关知识，根据各自的理念组建团队，讨论确定访谈提纲并进行访谈研究分析。

第二次课：解决问题环节。学生深入学习学校特色，了解学校发展情况，收集、整理资料，根据大主题"研究基因　未来学子"初步设计毕业典礼方案。

第三次课：解决问题环节。学生交流讨论本小组设计的毕业典礼方案，并在课后修改完善。

第四次课：反思提升环节。本节课之前，学生经历了资料学习、走访调查、方案制订等几个环节。在这个过程中，学生们根据访谈结果，通过实地考察和专业技术学习，结合学校特色和自身需要，设计出本小组毕业典礼方案。本次课主要展示毕业典礼方案中庆典环节的创意设计，并相互点评。本节课的展示是对学生实践探究过程的梳理和总结，也是对学生这一阶段实践探究的肯定。本次课让学生体验到研究、解决问题的乐趣，激发学生的研究积极性；同时使其意识到自身责任，参与到学校和社会生活中，增强其社会责任感。

第五次课：评价反馈环节。本次课主要是优化毕业典礼方案，对本次综合实践活动进行评价、总结。

（二）学生分析

本课程的参与者是初中二年级学生。该年龄段的学生思维开阔，独立意识和批判意识较强，但是思维具有片面性和表面性。通过该课程能培养其积极看待问题的心态，增强其全局意识。该阶段学生具有强烈的求知欲和探索精神，能基于自身需求大胆创新，只要给予他们平台，就会有优秀的创意出现。

（三）资源分析

1. 学校以往举办的毕业典礼及艺术体育节、诗歌朗诵活动、合唱比赛等能为学生提供范本。

2. 教师在学科上的专长能为学生提供必要支撑，如音乐的选择与搭配可请教音乐教师，背景 PPT 制作及灯光的控制可请教信息技术教师等。

3. 学生可主动利用书籍、网络等查阅相关资料以获取灵感。

（四）目标分析

1. 结果性目标

（1）根据我校特色（研究型的未来学校）及学生发展实际需求，设计毕业典礼方案。

（2）向学校提交最优毕业典礼方案。

（3）学生能通过此次活动意识到初三毕业既是对之前校园生活的总结，也是个新的开端，可以使学生梳理个人的初中生活，增强学生对学校的热爱和对国家、对社会的责任感。

2. 体验性目标

（1）体验毕业典礼的形式与其承载的内容之间的关联。

（2）体验个人与社会之间的关联。

（五）媒体资源

多媒体：展示学生活动过程。

板书：记录学生发言要点，展现教师总结要点。

（六）核心问题

通过访谈分析我校毕业典礼现状，结合学校特色，改进毕业典礼方案并提交学校。

二、教学实施设计

（一）教学目标

1. 结果性目标

毕业典礼庆典环节创意设计的展示，展示本小组的研究过程。

2. 体验性目标

在活动中体验毕业典礼形式与内容之间的关联，体验个人与社会之间的关联（即个人作为社会一员，与同学、教师、家长的社会关联，毕业后与其他社会成员之间的关联）。

（二）教学环节

教学环节	学生体验活动	教师引导活动	设计意图
引入新课	跟老师一起回顾课程核心问题及前期活动	引导学生回顾前三次课的活动内容，引出本节课的学习任务	串联整个课程，对前期课程的内容进行阶段性总结
小组展示	分小组介绍前期准备，并展示本小组毕业典礼庆典环节的创意设计（展示从活动内容、形式呈现及呈现技术技巧三个方面所做的研究）	组织各小组展示作品，板书学生展示内容，总结学生收获	展示设计方案，肯定学生的研究成果，梳理学生的探究活动
小组讨论	讨论其他小组方案，交流探讨结果	教师组织各小组讨论	促进小组间的相互学习
活动总结	谈谈在整个课程中的收获（能力的提升、知识的增长、精神的感悟）	总结归纳学生发言，评价、板书、提升	理清学生的收获，帮助学生发现自身优缺点，促进学生发展

（三）评价预设

本次课的主要内容是毕业典礼庆典环节的创意设计展示。学生在设计过程中难免会有疏漏，教师在指出时要给予正面的引导以免影响学生的积极性。

在小组展示环节中，不同的组别之间可能会针对某一内容有相同的设想。这一问题可在小组交流讨论环节中提出，集思广益，进而碰撞出新的火花，引导学生换一个角度思考问题。

本次课的目标是通过展示学生在庆典环节的创意设计，理清小组的探究过程，使学生通过活动充分认识到团队的重要性，体会到想法变为现实的可能性，激发学生积极思考、不断探究。

（四）板书设计

毕业典礼庆典环节的创意设计交流 一、活动内容 主题：研究基因　未来学子					
	活动板块	呈现形式	呈现技术	设计意图	二、活动收获
第一组					
第二组					三、活动总结
第三组					

（五）教学流程图

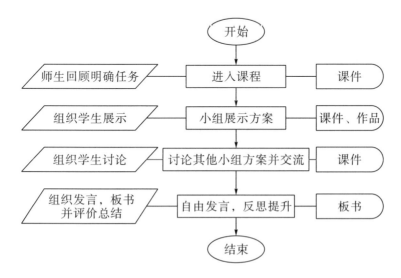

三、教学反思

综合实践活动课程具有综合性、实践性、活动性以及研究性。本次课重点体现了综合实践活动课的研究性。研究性学习以学生的自主性为基础，从学生生活和社会生活中选择和确定研究专题，主要以个人或小组的方式进行。学生可通过亲身实践获取直接经验，养成科学精神和科学态度，掌握基本的科学方法，提高综合运用所学知识解决实际问题的能力。本次课程围绕学生生活中的实际问题——毕业典礼展开，结合学生自身所学、所见、所想，以小组为单位、以"研究基因　未来学子"为主题，设计本组毕业典礼方案。本文的教学设计展示了毕业典礼庆典环节的创意、设计、交流要求。其主要形式是各小组展示毕业典礼方案中庆典环节的创意设计与研究过程，并相互点评。

课程上，学生在创意作品的展示与交流中表现良好，从内容板块、呈现形式、呈现技术、设计意图几个方面进行了全方位的展示，在展示过程中表现出对研究型未来学校的认同。

当然，本节课仍然有一些不足之处，如对学生研究过程中思想方法的归纳处理得比较粗犷、不够细致系统，由于技术等限制未能对学生的创意进行现场演示等。

综合实践课程研究性的彰显

——以川大附中初中部毕业典礼方案设计课为例

汪　华

　　摘　要：本文以川大附中初中部毕业典礼设计课为例，探寻综合实践课程研究性的彰显渠道，寻找"五育融合"的新路径。课程展示了课题小组学生的研究经历，所研究的课题是有价值、能研究、可坚持的综合性问题。学生利用大数据分析，优化毕业庆典设计方案，通过课程活动掌握了研究性学习的方法。

　　关键词：研究性；数据分析；研究伦理

　　邓月琴老师的川大附中初中部毕业典礼方案设计——毕业典礼庆典环节的创意设计交流课是本门综合实践课程的第四课暨反思提升环节课。本课充分展示了课题小组师生资料学习、走访调查、方案制订修改等环节的研究经历。这节课的核心任务是展示毕业典礼方案中庆典环节的创意设计，并相互点评。这既是对学生实践探究学习全过程的梳理总结，也是对学生这一阶段实践探究学习成果的巩固。这次课不仅让学生体验到研究问题的乐趣，激发了他们研究的积极性，更让其意识到自身的责任，主动参与到学校和社会生活中，提高自身社会责任感。

　　"川大附中初中部毕业典礼方案设计——毕业典礼庆典环节的创意设计交流"这个研究课题是有价值、能研究、可坚持的综合性问题，课程在问题发现与问题表达中彰显了研究性。毕业典礼庆典仪式能有效疏导毕业生的离别情绪，让沉浸在毕业场景中的他们沉淀同学间的美好情谊，心怀凌云志，自信向未来。

　　从心理学上讲，毕业典礼是一种有意义的特定行为方式，是一个群体通过多组有象征寓意的舞台艺术形式呈现的表达特定思想情绪的仪式活动。它是从一个阶段到另一个阶段过渡的序列，象征着学生的初中生涯已经结束，高中生涯即将开启。

从学习上讲，我校践行的研究性学习正是毕业生面向未来的学习法宝，通过这最后一课，将这种学习方式和理念植根于学生心中，为毕业生未来学习提供方法论支持，这既体现了学校"基于全员全程校本教研主流文化，建设'培养—研究型'现代学校"的鲜明办学特色，又践行了学校"立德树人，笃行两责"的核心理念。

毕业典礼策划小组在采访题目拟定环节充分彰显了综合实践课程的研究性。学生在调查阶段采用了走访、问卷调查等多种形式。对于确定调查题目、选定调查对象、确定调查范围、了解调查对象的基本情况等环节，课题小组分析论证后确定大致思路：先开展资料查找、理论学习，初步拟订采访计划、题目、表格、问卷、提纲；然后明确调查的内容和方法，组织实施调查。

课题调查问卷的题目设计直指毕业典礼庆典的核心，选择了双向问题。采访设计了三个问题。

问题一：你对这届毕业典礼有什么期待与希望？采集的信息是：想给每个学生说一句话，有班级交流时间，希望全程全域沉浸式感受毕业气氛。

问题二：对以往的毕业典礼有什么遗憾？采集的信息是：以往毕业典礼准备仓促，节目乏善可陈；毕业典礼时间紧，合影时间短；宣传不够，反响平淡。

问题三：以前的毕业典礼有哪些可资借鉴之处？采集的信息是：以往典礼分为感恩与祝福两个环节。

课题组通过分析数据，借鉴往届毕业典礼的成功经验，大幅提升了创意效率和品质。学校历次毕业典礼庆典的具体步骤和举行事项是有差异的，毕业生的体验自然不同。基于对综合性实践课题价值意义的判断，课题小组在充分调研和科学分析的基础上，创设了富有鲜活个性、时代特色、人文色彩和丰厚文化底蕴的"川大附中初中部毕业典礼庆典"。

当然，课题小组运用调查研究法完成"采访题目拟定"环节还稍显不充分，尤其是资料整理环节有些欠缺，对资料的分类、统计、分析、综合、调查报告等环节尤为单薄。首先，课题小组对历届毕业生毕业典礼庆典资料收集不全，缺少更加详细的数据。其次，除了数据统计不全、分析不力，还有分类不明的不足。由于对毕业典礼庆典活动要素分类不全，使活动缺少更加细化的可执行方案，所以小组汇报策划方案时虽然出现了很多创意灵感，但整体设计缺少系统性，仪式间的衔接过渡不流畅，缺少统筹，逻辑性较弱。当然，瑕不掩瑜，这些问题均可再次进行优化。

学生们设计了三个精彩的活动环节。

"果实树的心愿分享"。学生在入场前将心愿签挂于果实树上,班主任摘取本班心愿签给大家分享。会场采用同屏技术,三屏同步显现教师祝福画面,让毕业生带着智慧和爱勇敢面向未来。学生们研究撰写的成果坚守求真务实、勇于创新、精益求精的原则,不是人云亦云,而是创造性地表达自己的感受和想法。

"为优秀毕业生颁发毕业证书"。这个环节的设计仪式感十足,体验感强烈:两名学生代表接受校长颁发的毕业证书,全体学生起立接受校长毕业祝福,此环节采用暖色调的灯光,用欢快热烈的音乐营造庄重且温暖的氛围。校长寄语里不仅有对学生前行的殷殷嘱托,更有对毕业生未来责任的切切期望。毕业证的颁发象征着初中生活的结束和新的学习生涯的开启,这种设计体现了学校既对学生现在的成长负责,又对学生未来发展负责的办学理念。

"感谢生命中有您"——班主任的最后一次点名。12位班主任依次点名,点到的同学由追光灯捕捉,最后班主任一起点名"2019届毕业生",全体学生答"到",全场灯光大亮,灯光绚烂,全场齐唱《记住你》。到此全场气氛达到最高点。该研究小组同学的研究既有研究深度,更有情感温度。师生互致谢意互寄祝福:学生成就了教师的人生价值,教师成就了学生的人生梦想。在感谢和感恩的表达方式上选择了点面结合的形式:追光灯捕捉聚焦,面光灯烘托炽热氛围,从灯光运用、情感张力、情绪感染和人员互动等多维度烘托了典礼主旨。

课题小组在研究与成果提炼表达中记录了真实的问题发现与研究过程、真实的成果提炼与表达过程、真实的思维与体验过程。"川大附中初中部毕业典礼方案设计——毕业典礼庆典环节的创意设计交流"一课,充分彰显了综合性实践课程的研究性,为我们的相关教学提供了范例。

在问题解决中提升研究能力

——以川大附中初中部毕业典礼方案设计课为例

李芳琼

摘　要：综合实践活动课程是基于学生的直接经验，密切联系学生自身生活和社会生活，体现学生对知识综合运用的课程形态。这是一种以学生的经验与生活为核心的实践性课程。在学生毕业之际，学校为他们举行一个值得纪念和珍藏的毕业典礼是非常重要的。川大附中初中部毕业典礼方案设计综合实践活动课，在问题发现与问题表达中彰显研究性，在研究过程规范性中彰显研究性，在问题解决的思想方法中彰显研究性。

关键词：问题发现；研究过程；思想方法

初中毕业，是一首生动的离别歌，更是学生成长过程中的里程碑。在每个毕业季，踌躇满怀的学子们如一艘满张着梦想之帆的小船，在师长们牵挂的目送下悄然起航。

在学子们毕业之际，学校会为他们举行一场值得纪念和珍藏的毕业典礼，对他们开展一次感恩教育和责任教育，帮助他们树立远大的理想，为他们三年的成长画上一个圆满的句号。

川大附中初中部邓月琴老师和她的学生们就这场重要的毕业典礼进行了探索。邓老师为我们献上了川大附中初中部毕业典礼方案设计综合实践活动课。课程基于核心问题"通过访谈分析我校毕业典礼现状，结合学校特色，改进毕业典礼方案并提交学校"进行开发，开设五次课。本节公开课"毕业典礼庆典环节的创意设计交流"是整个课程的第四次课，三组学生分别展示了毕业典礼庆典环节的创意设计方案。

第一组同学的展示由"忆往昔时光、逐未来梦想"两部分构成。具体包含诗朗诵、优秀毕业生代表讲话、升入十二中高中部的优秀毕业生经验分享、心愿树果实分享等形式。在每个环节学生都很注重视频背景、音乐、灯光的挑选，注意营造出动人的情境，展示了学生在学校的学习、成长，以及对学校、教师的感激之情，对未来的期待等内容。

第二组学生的展示有"我们曾一起走过、迎接未来的波浪、感谢生命中有你"三个环节，由有奖竞答、自制机器人表演、颁发毕业证书、校长送祝福、班主任最后一次点名等活动组成。其中，"最后一次点名"这一活动形式给笔者留下了深刻印象：观众席熄灯，12位班主任在舞台中央，依次点名本班学生，点到学生答到，同时追光灯照亮该同学，最后全体班主任齐声点名"2019届毕业生"，全场答"到"，灯光大亮，齐唱《记住你》。此设计仪式感强，震撼人心，勾起了师生们对三年附中生活的回忆，也激励学子们带着母校的期望勇敢前行、奋力逐梦！

第三组同学的展示分为"回眸、感恩、愿景"三个板块。由情景剧表演，学生代表、家长代表致感谢辞，为教师献花，合唱《感恩的心》，师生齐朗诵，毕业宣誓，校长寄语等环节构成。本组同学的设计重点突出自身的成长离不开家长、学校、教师、同学的关怀，运用多种形式表达学生的感恩之情。全体同学起立毕业宣誓时，整个学术厅回荡着宣誓声，震撼人心。

本节课很好地体现了综合实践活动课的研究性，具体体现在以下几方面。

（1）问题的发现与表达。

我校近几年都在为毕业年级举行毕业典礼，但毕业典礼不能打动人心，难以给学生留下深刻印象，没能发挥出毕业典礼应有的作用。针对此状况，邓老师引导学生进行思索：怎样才能给学子们举行一个难以忘怀的、值得珍藏的初中毕业典礼？经过对学校情况的分析，邓老师和学生们将"通过访谈分析我校毕业典礼现状，结合学校特色，改进毕业典礼方案并提交学校"作为核心问题。此问题的提出既明确了学生的活动方式是对访谈进行分析，又根据我校毕业典礼的现状，结合我校致力于培养"全面发展，长于研究"的学生的办学特色，提出改进我校毕业典礼的方案。可见，问题的提出源于对现实的深入研究。

（2）研究过程规范。

怎样才能设计出一场打动人心的毕业典礼呢？核心问题提出后，邓老师带领学生组建了三个团队，每个团队分别开展对我校师生的访谈活动，在此基础上查询相关资料、整理数据、处理信息、交流讨论，确定庆典方案的主题为："研究基因　未来学子"。围绕"成长、感恩、展望、责任"等内容，采用诗朗诵、优秀毕业生代表发言、心愿树、特长展示、颁发毕业证书、班主任最后一次点名、毕业宣誓、合唱等不同的表现形式设计庆典方案。毕业典礼的研究过程彰显出"研究基因　未来学子"的主题，而小组间交流讨论及教师带领学生反思提升的过程，彰显出我校致力于培养"全面发展，长于研究"的学生的办学特色。整堂课推进的过程完整、顺畅、规范，富有研究性。

（3）解决问题的思想方法。

巴甫洛夫曾说过："有了良好的思想方法，即使是没有多大才干的人也能做出许多成就。如果思想方法不好，即使有天才的人也将一事无成。"思想方法在学生认识和解决问题的过程中起着举足轻重的作用。参与本门课程的学生在问题发现、解决的过程中运用了调查研究法、进度调控法，在分析与综合、归纳与演绎中使用联系的、发展的、实践的思维方法，这些思想方法彰显出研究性。

本门课程的核心问题是在对我校师生（包括已毕业的学生）进行访谈分析的基础上提出的，这一有现实意义、有研究性的问题是调查研究的结果。在解决问题的过程中，邓老师合理筹划进度，稳步推进计划，确保学生们在紧张的时间内设计出相应的庆典方案。学生访谈、查找资料、整理数据、处理信息，结合我校办学特色确定庆典主题的过程，蕴含着分析与综合、归纳与演绎的思想方法；在设计节目内容时，学生明确设计意图，精选最佳的呈现形式，对视频背景、音乐、灯光、同屏器等先进呈现技术的搭配使用，彰显出联系的、发展的思维方法。内容和形式是联系的，内容决定形式，形式反作用于内容，恰当的形式有利于内容的实现。要办好一场毕业典礼，不仅要有好的内容，还要有好的呈现形式；不仅要有合适的场景，还要有音乐、舞台灯光等多个方面的协调配合。音乐是陶冶和浸润人类心灵最美妙的声音，它荡涤着听众的听觉和内心世界，释放着、鼓舞着人们的情绪。灯光是营造氛围的秘密武器，灯光的合理应用，能够抓住观众的注意力、激发其相应情绪。

本堂课在问题的发现与表达、问题的研究过程、问题解决的思想方法中都彰显出充分的研究性，给我们展示了一场别样的、难以忘怀的、值得珍藏的毕业典礼。如果再注意好以下两点，这堂课效果会非常不错：一是三组学生在交流庆典方案时，每组可选择本组一个最亮眼的设计进行部分展现，这样可以进一步增强现场感。二是教师带领学生反思提升时，可更全面地丰富思想方法，将进度调控中联系的、发展的、实践的思想方法归纳出来，构建起全面、系统的思维体系。

参考文献

[1] 潘耀辉. 初中物理教学应着重渗透物理思想 [J]. 东西南北（教育），2019（4）：371.

做研究型教师，通过研究型活动培养研究型学生

——打造班级公众号课课后反思

徐　迟

摘　要：中学生在使用新媒体的过程中容易出现问题和偏差。基于我校办学理念，经过前期反复探讨论证，笔者组织带领本班学生开展"打造班级公众号"的综合实践研究课程。依托新技术，创新班级管理方式，建立班级管理共同体，联合家长形成教育合力，帮助学生和家长树立正确的新技术使用观念，在解决互联网时代催生的新问题的同时，满足学生的成长需要，满足家长的管理需要。

关键词：班级公众号；研究型活动

一、课程背景

很多学校都有自己的公众号，然而如何动员班级学生，打造能够体现班级文化理念、提升学生参与班级管理积极性的公众号却是一个值得研究的课题。笔者所属的四川大学附属中学初中部为研究型未来学校，校内研究风气浓厚。学校以"既对学生的成长负责，又为学生的未来发展负责"为办学理念。基于此背景，本人向学校申请开展综合实践研究课程"打造班级公众号"。经过前期反复探讨论证，学校认定该课题具有综合性、实践性、研究型、活动性，因此同意本次综合实践课程研究。涉及的学科知识和能力如下：

二、课程内容

"打造班级公众号"是一门综合实践活动课程，具有综合性、实践性、活动性以及研究性。课程基于核心问题进行课程开发，一共开设五次课。

（一）第一次课：提出问题，前期准备工作

（1）学生认识课程，从学生、班级的现状出发，引出开发本课程的必要性，并提出本课程的核心问题：调查了解当前本班学生、家长、老师对班级发展的需求及意见，形成调研报告。

（2）学习调查问卷基础知识及制作方法，明确研究对象、范围、研究目的，查阅相关资料并设计调查问卷。

（3）学生组建团队，组内成员探讨并确定调查问卷设计。

（4）确定组内核心成员及成员分工，确定调查方式、平台等。课后分小组进行实地调研，包括问卷调查，老师、学生、家长采访。回收调查结果并整理归类，对数据进行初步分析。

（二）第二次课：解决问题，准备打造公众号

（1）深入分析调查问卷数据结果，据此确定本组公众号运营理念，提出公众号打造计划，确定工作汇报流程、记录课程开发情况，优化调整组内成员分工。

（2）研究了解公众号平台，调查公众号运营的条件、需求，评估、打造运营难度及成本（人力、财力、物力、时间成本）。

（三）第三次课：解决问题环节，运营公众号

（1）学生在本次课收集汇总上次调研结果，分享创意想法、发表观点并讨论确定研究小组名字，明确小组主要表现形式、主题、出刊计划、板块设计、图文音像素材收集方式及来源等，形成文本、音视频资料。

（2）课后着手打造公众号，记录打造过程中遇到的困难困惑、心得体会及反思，形成文字记录，提出初步改进方案。

（四）第四次课：反思提升环节，展示、自评、互评及思考

本次课主要是各组学生展示研究过程中的成果。

（1）展示各组公众号，剖析各自优缺点及改进方案、措施，提出各自的困惑。

（2）认真学习其他组的方案，思考其优缺点，师生互评，给出意见和建议。

（五）第五次课：评价反馈环节，确定公众号平台相关内容

（1）学生整理各小组成果，整合相关资源及意见建议，组内讨论，确定班级公众号最终的主题、内容板块、运营模式、人力安排等。

（2）分享综合实践探究课程中自己的成长体会，对自己和他人的努力成果进行自评和他评，师生共同对评价意见和心得体会做出总结。

本课题选题、实施过程均严格按照综合实践活动课程的要求进行，除了考虑满足综合实践课程的"四性"（即综合性、实践性、研究性、活动性），也考虑课题的固化与系列化。打造班级公众号可以在班级内部进行，也可以从初一到初三持续进行研究，甚至可以推广至下一届，它是具备固化价值的。目前，班级公众号从德育、学习、心育等方面进行打造，待研究后，可以往五育并举方向发展，从多方面多角度进行研究开发，是具有系列化研究价值的。

三、反思心得

通过和学生一起研究学习本课程，笔者有以下思考：

首先，该课程除了具备综合性、实践性、研究性与创新性，也具有固化、系列化研究价值；在课程实施中注重引领学生思想方法、思维能力层面的发展，通过研究型课程培养研究型学生。

在问题的发现与提出环节，同学们仔细观察身边的人与事，发现公众号可

以用于展示班级活动、文化，并起到促进家校合作沟通的效果；之后又根据各自情况进行分组，三个小组从不同维度选择主题，经过研讨筛选，最终决定从德育活动、学习活动、心理指导三个角度打造班级公众号。

各小组根据各自主题拟定问卷问题，进行问卷调查，并进一步表达为核心问题：调研我班学生、家长、教师对班级发展的需求，打造满足班级发展需求的班级公众号。从观察发现问题，到提出问题、分析问题，这一过程与科学探究中的"问题的发现与提出"高度吻合，学生们在这样的过程中获得了如何从生活中发现、提出并分析问题的深度体验，彰显了课程的研究性。

而公众号主题确定后，可以在班级内部推广，甚至也值得班主任继续推广到下一届；除此之外，该公众号板块内容也可以进行拓展延伸，如目前只考虑到了德育、智育、心育，将来可以探究劳育、体育等层面，故该课题具备固化和系列化研究价值。在拟定问卷的过程中，学生因年龄、学力等限制并不具备设置问卷的相关知识背景，但是他们也开动脑筋找到了解决办法——大量查阅资料，请教教师。几经删改，学生们最终确定问卷内容，选择了调查的方式及使用平台，对全班家长、师生进行问卷访问、调查、采访，问卷调查结束后收集信息进行了大量的分析。

学生为了确定公众号板块内容，确定方向后继续讨论研究细节，如何实践操作、如何根据学生个人特长分工与合作。为了准备本堂课的展示，各组都开展了大量的研究活动。学生在实践活动中成长，充分体现了该课题的活动性和实践性。

在该课题的打造中，学生除了学习到具体的学科知识和技能外，也收获了研究问题的思路：发现问题—提出问题—分析问题—解决问题—反思提升—运用反馈。这个课题既有具体的学科思想方法的运用研究，也有一般思想方法的运用探索。本次课程对学生思维能力的培养，对学生在解决问题时使用的思想方法，也能起到指导作用。

其次，选题创新有时代性，实践活动丰富，充分体现了学生的主体性。据调查，班级公众号并不多见，且多为教师或家长打造，学生很少参与。让学生自行探索打造班级的公众号体现了本课程的创新性。

此次班级公众号的打造全部由学生"操刀"。选题环节，教师告知学生要进行综合实践课程，请学生们建言献策，对打造附中英语文化、改造学生宿舍、改造走廊文化墙、建立班级视频资源库等多个选题，逐一讨论、排除、筛选，最终确定选题"打造班级公众号"。选题通过后，立刻组织能力较强的学生，将他们确定为每组核心成员，由核心成员在全班开展宣传工作，分小组商榷各自主题，依据主题进行问卷调查与分析，着手打造。

在整个活动过程中，主体参与者都是学生，教师仅作辅助性引导。课程充分发挥学生的主体作用和主观能动性，学生在活动实践和探索研究中获取了丰富的体验感悟，再次彰显了该课程的活动性、实践性和研究性。

由学生打造的公众号，文字略显生涩，封面图片略显稚嫩，没有专业公众号做得完美，但它由学生一手完成，学生的成长赋予了公众号文章更多的意义。学生们对自己的作品爱不释手，极大地激发了他们参与班级管理、班级活动的积极性和热情。而家长们看到孩子们一手打造的作品，也主动请缨加入班级公众号的建设中来，因此也调动了家长参与班级管理、建设的积极性。

学生、家长共同"管理"班级，形成教育合力，创新班级管理模式，提高了班级管理效益，符合本课程的核心问题要求——满足班级发展需求。

最后，教师应不断反思进步，有效提升课程质量，增强教师对学生情感态度价值观的引领力度。

笔者认为本课程还可以从以下方面进行改进、提升，从而强化对学生情感态度价值观、思维方式等方面的引领。

（1）自媒体时代，网络信息鱼龙混杂，教师应引导学生做一个有辨别能力的人，具备"不信谣，不传谣，不造谣"的素质；进行普法宣传，提高学生的法律品质，引导教育学生做一个有现代法律素养的人。

（2）本课程的核心问题是打造满足班级发展需求的班级公众号。在上课环节，应深挖学生的情感态度价值观，如教师可提问："通过打造公众号版块、交流学习其他小组的展示内容，你的品德、学习、心理层面有哪些提升?"鼓励学生发挥其主观能动性，生成感悟并谈论自己的收获，进而指导学生将课程所学知识、技能、思想方法运用到生活学习中。

综上所述，该课题是一个既具有"四性"，又具有固化研究价值和系列化研究价值的课题。该课程的研究实施对师生都大有裨益。在实践过程中，课程的这些性质都能得到充分体现，且达成度较高。

教师应不断追求进步和提升，保持学习的热情和状态，成为一名研究型的教师，通过研究型课程培养研究型学生，这样才能满足学生的成长需求，满足教师的个人发展需求，满足时代发展的需求。

参考文献

［1］张万祥. 班主任微创意［M］. 上海：华东师范大学出版社，2018.

［2］林志超：从班会课到成长课程［M］. 上海：华东师范大学出版社，2017.

群策群力，精益求精

——浅谈核心素养在打造班级公众号课中的运用

余　敏

摘　要：如何打造班级公众号是不少教育工作者在班级教育管理实践中遇到的真实问题。各班级打造班级公众号的目的不同，目的的达成途径也是多样的。主题的筛选、主题呈现媒介的选用、实践中遇到的问题及相应的解决方式，这些都创设了研究与探索的真实情境，锻炼并提升了学生的"理性思维""反思精神""信息意识"等核心素养。

关键词：情境化教学；核心素养；班级公众号

本节综合实践活动课为徐迟老师执教的班级公众号打造课程第四次课展示课——反思提升环节课。本节课的课程内容分为"展示、自评、互评及思考"四大板块。通过这一节课的听课学习，笔者认识到群策群力与精益求精在学生的学科知识运用与核心素养提升方面的重要性。

随着信息技术的发展，教师在开展传统课程教学的同时，可根据教学需要，借助课堂开发网络化学习平台，并利用这些新的教学平台激发学生的学习兴趣，进而提高课堂教学效率。课程基于活动的形式，将学生分列在根据主题划分而成的小组中，引导学生通过问卷的形式了解公众号受众的真实需求和意见，以此确定公众号的主题板块。每个小组基于既定主题展开活动，分工协作，共同参与班级公众号的打造与运营。教师在这一课程的固化与系列化过程中引导学生充分发挥个体的主观能动性，为公众号的打造贡献个人智慧，再通过组内的协作促进学生认识的深化，最后在班级的交流中群策群力，以此促进公众号的整体优化。

本次课程的参与者为初一（3）班的学生，全班48名同学全员参与，授课教师徐迟老师为该班班主任，根据授课的实际需求，教师请其中30名核心成员进行"班级公众号打造"的展示。共有三个小组进行展示，按照主题说明、设计意图、问卷分析、成员分工、版块内容、打造公众号的困难与困惑、创新点、视频展示公众号内容八大流程分工进行展示说明。

第一组为"德育光影"小组。小组的主题为记录校园生活，让学生收获有价值的启示。小组的公众号设计意图为，让他人因我的存在而幸福，展现班级活动并为大家留下珍贵的记忆。在前期的问卷调查与分析环节中，小组通过问卷调查家长对目前家校沟通的满意程度，了解到家长希望看到学校在"心理、生活、学习、性格"等方面对学生进行培养。据此，学生确定该组的主题为"通过光影记忆记录学生的德育成长历程，为班级留下宝贵的回忆素材"。组员按照"问卷制作、文字编辑、软件选择、视频剪辑、美术排版"五大板块进行分工。在打造公众号环节中遇到的问题与困惑为，组员讨论发言不积极，人员分工太细导致工作完成零碎、效率低、时间长。公众号的内容分为节日和班级活动两类，该组公众号设计的创新点在于体现班级文化理念，加入表情包以增加公众号的趣味性与吸引力。

第二组为"爱在学习"小组。小组的主题为展现学生们的学习风采，根据"让优秀成为一种习惯"的班级理念及合作竞争这一学习氛围，确定了这一主题。在前期的问卷调查与分析环节，小组采访了教师、学生和家长，了解到大家的需求集中在希望看到学习经验的分享和解题方法的指导方面。基于此，小组成员将分工确立为"学习板块、资源收集、文章编写、技术编辑"，公众号的内容分为"学习之星评选，学习方法、学习策略与经验提供，具体学科知识点的演练与讲解"三类。该组遇到的问题为，问卷调查中的问题设计有缺陷，调查采访时常被采访对象误会，在公众号的打造设计上也遇到技术问题。创新点体现在寓教于乐，注重提升学生学习乐趣；学生自主创作视频，创新展示方式，注重营造班级合作与竞争的良好学习氛围。

第三组为"心灵之窗"小组。该小组根据问卷调查结果分析班级学生的整体心理健康状态及压力来源。通过问卷了解到本班学生的整体心理健康状态良好，压力产生的原因主要是亲子关系不乐观以及当下处于学习的迷茫阶段，需要指导。小组由此确定公众号的主题为"强调心理健康的重要性，让学生了解更多的心理知识，防患未然，增强学生的抗压抗挫能力，并让学生与学生之间、学生与家长之间达成恰当有效的沟通"。该组的组员按照"视频拍摄、资料搜集与筛选、技术、文字、美术"五大板块进行分工，公众号的内容包含"趣味心理小测验、干货、方法指导、笑话、图片和视频、心灵鸡汤"等版块。在公众号打造过程中，该组遇到的困难与困惑为，心理学知识专业性太强、组内交流困难、资料版权受限。该组的创新点是在搜集资源、文本整合时对议论性较强的文本进行修改调整，增加文章的趣味性；在主题设置上充分利用了身边的各种资源，体现了我校"既对学生现在成长负责，更对学生未来发展负责"的办学理念。

以上为三个小组的展示细节还原，展示所涉及的流程实为本校特色核心问题教学模式中"提出问题—解决问题—反思提升"三大环节的具体体现。依托问卷数据与分析进行的"主题说明、设计意图、问卷分析"流程为"提出问题"环节的体现，"成员分工、版块内容"为"解决问题"环节的体现，而"分享打造公众号的困难与困惑、创新点"两个流程则恰当地引导学生从正反两个方面客观地进行"反思提升"。在每一小组的具体展示中，能够看到群策群力的重要性，看到学生们依托理论指导，在系列的活动探究中对问题的认识由浅入深的过程。但本校核心问题教学模式还有最后一项必要的"运用反馈"环节，且在三个小组的"困难与困惑"分享中都存在"效率较低、分工如何最大化调动组员参与积极性"的问题，由此可见单靠小组内部的群策群力，只能够实现部分问题的初步解决，而组与组之间的群策群力才能引导学生精益求精，实现理论认识与实践操作层面的提升。

本节课设置了"反思提升"的环节，小组与小组之间互相评价学习，通过提问"你欣赏其他组的何种创意"引导学生思考评价其他组的创意，以此反思理论的实践性与可操作性。学生点评中涉及的切入点与评价方向是不同的，这些不同角度的评价体现出学生在打造公众号与实施评价时所运用的思想方法存在差异。在这些评价后，徐老师将课程"运用反馈"环节的重点放在思想方法的归纳上，引导学生反思实践过程并梳理总结，以此分类归纳在整个实践活动课程中用到的思想方法，引导学生在实践反思的基础上实现"理性思维""反思精神""信息意识"等素养的提升。相信通过本堂课的学习，学生在今后的学习情境中也能学会利用资源、整合资源以解决实际问题。

课堂完美地呈现了活动课程中群策群力的必要性，学生在实践与反思中真正做到了学以致用、学有所获。但笔者对将"运用反馈"环节的着力点放在"归纳整合"与"核心素养"的引导上这一课程设置尚存疑问，是否可以在"反思提升"环节进行到"组组评价"时，顺势引导学生将这些生成性评价当堂运用于本组公众号的改进与提升中，以此实现实践的进一步优化？在"组组评价"后，再要求小组内部结合这些评价与本组实际的情况，协商改进意见，扬长避短，实现本组公众号专题内容与形式的进一步优化。还可在"组组评价"后加入"互相学习"环节，以此引导组与组之间取长补短，实现资源的整合与效率的优化，最终实现"班级公众号打造"的进一步提升。

参考文献：

［1］何红．运用微信公众号打造初中化学第二课堂的策略探讨［J］．天津教育，2021（21）：50−51．

［2］梁圣祺．青少年科技运动会活动育人效果研究：科技核心素养的视角［D］．桂林：广西师范大学，2018．

第二篇

以核心问题为中介的劳动教育课研究

2020年7月教育部印发的《大中小学劳动教育指导纲要（试行）》提出，学校研究性课程体系中必须增设劳动类课程。劳动教育是中国特色社会主义教育的重要内容，关系着社会主义建设者和接班人的劳动精神面貌、劳动价值取向和劳动技能水平。劳动教育具有鲜明的思想性、突出的社会性、必然的研究性。劳动课程构建的基本路径有日常生活劳动课程、生产劳动课程、服务性劳动课程。

秋冬季生菜培育研究课教学设计

杨 群

《义务教育劳动课程标准（2020年版）》明确提出，当代学生要培养正确的劳动观念、劳动能力、劳动习惯和劳动品质，树立正确的劳动意识。川大附中初中部开发了高效的核心教学模式，木课程即是这种教学模式的体现。课程以培育生菜为核心问题，引导学生发现问题、提出问题、解决问题，培养学生正确的劳动意识。

一、教学分析设计

（一）活动分析

本次课为秋冬季生菜培育研究课程的第四次课。在前三次课程的学习研究中，学生查找资料，了解了水培、土培生菜的过程；组建研究小组；在网上购买生菜籽；开垦荒地；设计水培管道；土培和水培生菜苗；制作水培营养液；移植生菜苗；观察、记录生菜生长过程；在生菜死掉或被动物吃掉后，实地调查新津县渔耕田农场水培蔬菜基地，邀请专家实地教学，二次育苗、移植、调整培育计划、观察记录生菜生长过程，研究适合生菜生长的最佳条件。

本次课的授课内容为分小组展示两种生菜种植的研究过程，并相互交流和点评。本节课的展示，是对学生整个劳动过程的梳理与总结，也是对学生这一阶段劳动过程的认可。本次课程可以让学生感受到劳动带来的快乐、财富和灵感，激发学生的创造性思维，同时鼓励学生参与到社会劳动中，增强学生的光荣感。

本次课的主题为"秋冬季生菜培育研究成果的展示交流"。

（二）学生分析

1. 研究背景及意愿

我校是研究型学校，每年都有各种综合实践课程，学生具备一定的研究能力，可以在教师的指导下小组合作完成课程研究。同时，现在的学生大多有一定的社会责任感，他们愿意参与到类似的综合实践课程中，表达自己的想法，并且通过课程实践自己的想法，参与环境保护。

2. 知识背景

初二年级的学生已经具备以下的知识基础和生活经验，知识背景详细分析见图1。

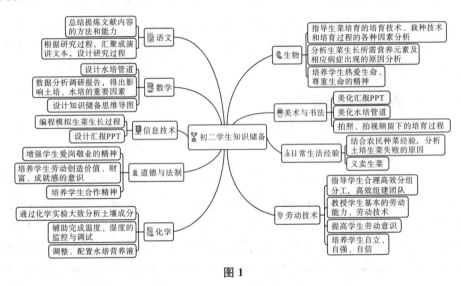

图1

（三）资源分析

1. 课程资源

本校既是研究型学校，又是未来学校，既可以提供研究方法、研究过程的方法指导，也可以提供信息技术等支持。

2. 人力资源背景

本校化学老师可对土壤成分做辅助分析，生物老师可指导植物栽种，学校花工也热心传授学生种植的方法。数学教师可指导学生跟踪调查，整理资料，对植物生长过程的数据进行对比分析，及时调整培育方案。

3. 网络资源

学生们可以通过上网查找相关知识，获取自己所需要的资源。

（四）目标分析

根据本课程规划纲要中确立的课程教学目标，基于本次课的活动分析及学生分析，确定本次课的教学目标如下。

1. 结果性目标

（1）进行调研分析，能够撰写培育方案。

（2）分组培育出绿色蔬菜并分享成果。

2. 体验性目标

（1）调研秋冬季生菜土培与水培的生长条件，形成培育方案，进行培育研究，分享劳动成果，体验劳动过程与劳动成果之间的关联。

（2）体验劳动与自然界持续发展、与个人绿色生活之间的关联。

（五）媒体资源

本次课为室内的展示交流课，所用主要教学媒体资源如表 1 所示。

表 1　教学资源分析

教学资源	选用意图	来源
PPT、投影	用于教学引入及小组展示交流	学校多媒体设备
黑板	板书本堂课的关键信息，呈现学生观点、辅助教师提升讲解	学校创客教室

（六）核心问题

实地调研农场秋冬季生菜土培与水培的生长条件，形成培育方案，进行培育研究，分享劳动成果，撰写生菜培育研究报告。

二、教学实施设计

（一）教学环节

课程规划纲要中共有教学引入、展示交流、总结反馈三个子环节，具体教学环节设计如表 2 所示。

63

表2　教学环节

教学环节	学生活动	教师活动	设计意图
教学引入 （约3分钟）	回顾前期课程学习的内容	播放前期课程的过程性图片，回顾前期课程，引入课程。 引出本次课的学习任务：分组进行展示，交流各组的研究过程和成果	回顾前期课程，帮助学生梳理课程情况，并顺利进入课堂展示
展示交流 （约35分钟）	分小组展示（土培组、水培组）。每个小组分别从提出问题和资料学习、开垦荒地和图纸设计、专家指导、实地考察、育苗、移植和数据记录等方面进行展示。其他小组认真聆听	引导学生的展示与交流活动，记录各组展示交流要点，鼓励学生勇于自我表达，肯定学生在研究过程和展示阶段的主动性	展示研究过程以及效果，肯定学生的研究成果，梳理学生的探究过程，学生在对研究过程及成果进行反思的基础上展示交流，提升其研究的能力和素养，突出我校"以研究型课程和研究型教师培养研究型学生"的办学特色
总结反馈 （约6分钟）	学生在教师的引导下反思本次课程的内容	教师对研究步骤进行归纳提升，对同学们的表现给予肯定。 教师提出一些建议，鼓励学生进一步完善成果	肯定学生有发现、研究、解决实际问题的能力，有善于发现问题、提出问题、获取信息、解决问题的能力，树立学生劳动创造价值的思想和理念。鼓励小组成员间协同合作，完成后续工作

（二）评价预设

1. 教学活动中对学生即时、口语为主的评价预设

教学引入环节：明确本节课的具体任务，让学生清楚这次课和前三次课的关联，对前期准备工作做得较好的学生进行表扬，鼓励学生在本次课能大胆发言、主动交流，营造积极的课堂氛围，激发学生学习热情，实现演讲者与倾听者的共鸣，以达到本次课的教学目标。

展示交流环节：通过对小组展示交流过程给予激励性评价，促进学生进一步融入课堂，使其能主动进行有效记录。重点引导学生在语言表述、环节逻辑性上的把握，展现小组的合作能力，有效激发学生在交流展示时展示个性，主

动调用自己已有的知识处理临场的情况，使课堂中充满新的火花。

总结反馈环节：促使学生思考如何有效应用调查结果，提升自己的研究素养，为后续环节的开展打下基础。

2. 教学活动后的评价预设

从本次课的教学目标，尤其是体验性目标达成情况的视角，完成《过程性评价表》和《总结性评价表》。

板书设计如图 2 所示。

秋冬季生菜培育研究（第四次课）
——成果交流

核心问题：实地调研农场秋冬季生菜土培与水培的生长条件，形成培育方案，进行培育研究，分享劳动成果，撰写培育研究方案

1. 学生成果展示

小组名称	研究过程	遇见的问题	解决方法
土培组			
水培组			

2. 反思提升

认识层面：

技能层面：

图 2

（三）教学流程（图 3）

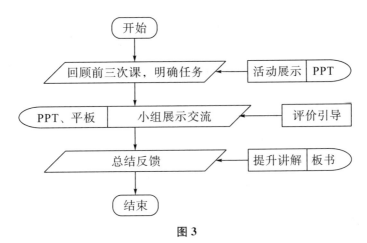

图 3

三、教后评价设计

（一）信息搜集

课后教师认真观看课堂录像，并做教学实录。

（二）自我评价

本次课是展示环节，从课堂的表现看，本次课程具备了劳动课程的四要素。

从课程的思想性来看，本次课程学生全程参与到开垦荒地、育苗、移植、浇水、施肥、生菜培育失败、二次培育、收获生菜的各个环节，感受到了劳动过程的艰辛，经历了失败重来的磨炼，收获了丰收的喜悦和成就感，让学生感受到劳动是一切财富、价值的源泉。倡导学生通过诚实劳动创造美好生活、实现人生梦想。

从课程的社会性来看，本次课程源于农业，归于农业。学生实地调查了农民种植生菜的过程，考察了水培农场的培育基地，真正地参与到了生菜的种植过程，通过自己的努力，理性分析种植失败的原因，调整种植方案，最后成功种植生菜，收获生菜。这些都加强了学校教育与社会生活、生产实践的直接联系，发挥了劳动在个人与社会之间的纽带作用，引导学生认识社会，增强学生的社会责任感。在培育过程中，学生学会了分工合作，体会了平等、和谐的劳动关系。

从课程的研究性来看，本次课程分了三个小组，每个小组都按照科学研究的一般流程（发现问题—收集整理资料—设计并开展实验—记录分析数据—得出结论展开研究）展开活动。要形成生菜种植的研究方案，学生需要在网上查找资料，向农民请教生菜种植的经验，参观学习水培生菜技术和注意事项，然后整理出一套生菜培育的方案，并开展实验。在实验过程中，学生记录了生菜生长的全部过程。特别是第一次生菜种植失败后，学生分析原因，调整方案，重新出发，最后成功，得出一套可行的生菜种植方案。课程核心问题由师生共同确立，问题解决方式研究性强，有凸显研究性的课题研究成果，充分满足了课程的研究性要求。

从课程的实践性来看，学生全程参与实践，总结自身生活经验，联结了个人与社会、个人与自然。课程基于学生实践、强调学生亲历，充分满足了课程的实践性要求。

　　本次课程也具有固化和系列化的特征，课程固化了生菜土培和水培的详细种植过程，为探究其他植物种植提供了依据和支撑。

在劳动实践中提升学生的核心素养

——观秋冬季生菜培育研究课有感

汪波澜

摘　要：劳动是创造物质财富和精神财富的过程，是人类特有的基本社会实践活动。劳动教育是发挥劳动的育人功能，对学生进行热爱劳动、热爱劳动人民精神培养的教育活动。劳动教育是中国特色社会主义教育的重要内容，具有鲜明的思想性、突出的社会性、显著的实践性、必然的研究性。

关键词：劳动教育；思想性；社会性；研究性；实践性

劳动教育注重操作性学习，其基本目标是体验性目标，而不是知识性目标；它强调学生在教育者的引导下，综合运用已有知识和经验，亲身参与劳动过程，进行劳动实践和技术实践，以获得积极的劳动体验，形成良好的技术素养等。研究性学习重视学习过程而非学习结果，强调让学生经历和体验研究过程，形成问题意识和探究意识，养成实事求是的科学态度和科学精神。本文将就川大附中初中部杨群老师秋冬季生菜培育研究第四次课浅谈笔者的认识。

一、秋冬季生菜培育研究第四次课课程回顾

本次课为秋冬季生菜培育研究课程的第四次课，通过前三次课的学习研究，学生查找了资料，了解了水培、土培生菜的过程，并组建研究小组，在网上购买生菜菜籽，开垦荒地，设计水培管道，土培和水培生菜苗，制作水培营养液，移植生菜苗，观察、记录生菜的生长过程，在生菜死去和被动物吃掉后，又实地调查新津县渔耕田农场的水培蔬菜基地，邀请专家实地教学，接着二次育苗、移植，调整培育计划，观察、记录生菜生长过程，研究适宜生菜生长的条件。在第四次课上，教师播放了前期课程的过程性图片，回顾前期课程，引入课堂。引出本次课的学习任务：分组进行展示交流。学生首先回顾前期课程学习的内容，然后分小组（土培组、水培组）上台展示，每个小组分别从提出问题和资料学习、开垦荒地及图纸设计、专家指导、实地考察、育苗、

移植和数据记录等方面进行展示，其他小组认真聆听。教师则引导学生的展示与交流活动，记录各组展示交流要点，鼓励学生勇于表达自我，肯定学生在研究过程和展示阶段的积极性。

二、秋冬季生菜培育研究课程具备劳动课程的"四性"

（一）秋冬季生菜培育研究课程具有思想性

在本课程中，学生全程沉浸式参与开垦荒地、育苗、移植、浇水、施肥、经历失败、二次培育、收获生菜的整个过程，感受了劳动过程的艰辛，收获了丰收的喜悦和成就感。这使学生真真切切地感受到劳动是一切财富、价值的源泉，劳动者是国家的主人，一切劳动和劳动者都应该得到鼓励和尊重。学生在学习过程当中感受到了劳动的价值，提升了基本的劳动素养，他们强烈感受到了劳动的艰辛、劳动的快乐。这样的劳动课程真正体现了劳动育人的思想，具有鲜明的思想性。

（二）秋冬季生菜培育研究课程具有社会性

在课程中，每一组学生既有对内的成员合作，也有对外的寻求支援，学生在遇到了内部不能解决的问题时，杨老师就带着他们到新津县渔耕田农场的水培蔬菜基地实地考察。在这一过程中学生亲身寻求并调用了社会资源。本次课程源于农业，归于农业。学生实地考察了农民种植生菜的经过，考察了水培农场的培育基地，真正地参与到了生菜的种植过程，通过自己的努力分析种植失败的原因，调整种植方案，最后成功种植生菜。这些活动过程巩固了学生与社会之间的纽带，引导学生认识社会，增强了学生的社会责任感。在劳动过程中，学生学会了分工合作，体会了平等、和谐的新型劳动关系。

（三）秋冬季生菜培育研究课程具有研究性

本次课程具有极好的研究性。首先学生把整个劳动过程作为研究对象，而不仅仅是照着现有的生菜种植方法去做，它是具有研究性的劳动课程。课程问题的提出也具有研究性，课程中学生提到为什么要种植生菜，要选择哪一种生菜，都是经过研究的。整个课程一共分了三个小组，每个小组都按照科学研究的一般流程开展活动。要形成生菜种植的方案，学生需要在网上查找资料，向农民请教生菜种植的经验，参观学习水培生菜技术和注意事项，然后整理出一套生菜培育的方案，并开展实验。在实验过程中，记录生菜生长的全部过程数据，分析数据，调整方案，直至得出一套可行的生菜种植方案。本课程的核心问题由师生共同确立、问题解决方式研究性强、有凸显研究性的课题研究成果，充分满足了课程的研究性要求。本课程沿着研究的基本逻辑，基于实践提出问题与调研形成方案，这些都体现了课程的研究性。

（四）秋冬季生菜培育研究课程具有实践性

在本课程中，学生经历了完整的劳动过程，习得了一种劳动技能并养成了这种劳动技能所需的基本个人品质。本课程基于学生实践、强调学生亲历，充分满足了课程的实践性要求。

未来社会是知识型社会，劳动教育离不开研究性学习。只有二者紧密结合，才能提高社会整体创新能力，真正落实科教兴国的战略方针。

参考文献

[1] 檀传宝. 劳动教育的概念理解——如何认识劳动教育概念的基本内涵与基本特征 [J]. 中国教育学刊，2019（2）：82—84.

[2] 班建武. "新"劳动教育的内涵特征与实践路径 [J]. 教育研究，2019，40（1）：21—26.

[3] 莫浩. 水培生菜自动采收装置的设计与研究 [D]. 杨凌：西北农林科技大学，2018.

[4] 檀传宝. 劳动教育的本质在于培养劳动价值观 [J]. 人民教育，2017（9）：45—48.

[5] 王连照. 论劳动教育的特征与实施 [J]. 中国教育学刊，2016（7）：89—94.

渗透研究性基因的劳动教育课实践探索

李晓燕

　　摘　要：综合实践课和劳动教育课虽然在地位、功能定位、实施内容等方面有所不同，但都是国家必修课程，都以立德树人为根本任务，两者在多方面是贯通的。"研究性"要求发现、提出问题并且对问题进行解释和解决，本文聚焦劳动教育课的研究性，从课程性质、课程目标、课程内容形式、课程价值追求等方面，分析具有研究基因的课例后，提出蕴含研究性的劳动教育课实施的反思和建议。

　　关键词：劳动教育课；研究性

　　2020年教育部印发的《大中小学劳动教育指导纲要》指出，劳动教育能够促进学生德、智、体、美综合发展，是社会主义教育的重要组成部分。综合实践活动课与劳动教育相互融通，充分分析其研究基因，合理开发劳动教育课程，并提出蕴含研究性的劳动教育课实施的反思和建议，将为科学、有效、持续地开展劳动教育提供理论和实践依据。

一、综合实践活动课与劳动教育课研究性理念的分析

（一）课程性质蕴含研究性

　　综合实践活动课从学生的真实生活和发展需要出发，从生活情境发现问题，是培养学生综合素质的跨学科实践性课程。对活动课主题涉及的问题、问题价值、可操作性等，学生需将多学科知识代入相关情景进行思考、甄别，综合设计方案。劳动教育课中，参与者不仅需将劳动作为任务完成，也必须将其作为一个对象来研究，从现实状态和理想状态的对比中主动发现问题、解决问题，提高劳动效率和质量，获得创造性劳动体验并提高研究素养。这两类课程的实施本身就是研究的过程，都自带研究性。

（二）课程目标彰显研究性

综合实践活动课具有价值体认、责任担当、问题解决、创意物化等方面的意识和能力，学生在实践中深度体验，深入思考，寻求和探究、建立人与自然、人与社会、人与自身的关联，问题与创意的关联，理论与实践的关联等，在不断地体验、反思、修正中生发和强化价值体认和责任担当。劳动教育课的目标是准确把握社会主义建设者和接班人的劳动精神面貌、劳动价值取向和劳动技能水平的培养要求，全面提高学生的劳动素养。劳动素养是劳动观念、劳动能力、劳动精神、习惯品质的集合体。两者在目标上都强调学生通过实践，与时俱进，思考和创造性解决问题，提高综合能力，树立正确的价值观念。

（三）形式内容要求研究性

综合实践活动课程的实施有考察探究、社会服务、设计制作和职业体验四种基本活动方式。劳动教育课的主要内容有日常生活劳动、生产劳动和服务性劳动。一方面，所有的劳动内容都可以通过四种形式实施，如生产劳动教育可以通过设计制作等方式来实施，服务性劳动教育可以通过社会服务、职业体验的方式来实施，日常生活劳动教育可以植入考察探究的方式，让学生带着任务和问题劳动，手脑并用。另一方面，所有劳动教育课内容的落实过程中都包含探究的要求，考察和探究是同一个过程的两个方面，社会服务要求善于发现他人和社会的需求，制订切实可行的实施方案。职业体验要求学生带着问题深度体验和思考相关职业的精神、标准、职业所需的准备等，这些都离不开劳动者的勇于探究、敢于质疑和科学理性的研究精神。基于此，两种课型都可以以研究性为生长点和突破点，达成目标且提升品质。

（四）价值追求展示研究性

综合实践活动课倡导面对真实的生活，知行合一，转变学生学习方式，提高学生综合素质。劳动教育则注重手脑并用，出力流汗，体认价值。两者都强调学生关联生活，发现问题和提出问题，深度探究问题的意识，在实践中唤起学生对自身主体价值的觉知，在研究性的劳动中真实感知完整生活的意义，最终促进学生全面自觉发展。

二、渗透研究基因的劳动教育课的实施举例

本文以秋冬季生菜的培育劳动教育课为例，说明劳动实践对于提升劳动教

育课实效和品质的积极作用。

（一）基于研究视角的背景分析

劳动课程开发充分调动师生的主观能动性，鼓励学生用发现的眼睛在校园内寻找问题和劳动的对象，在对校内公寓后的空地土质、光照等进行分析后，确定了种植生菜的方案。

调研分析学生的缄默知识、显性知识基础后，教师认为课程可激发他们动手实践，探究自然，分解并创造性解决问题的能力，真切感受到劳动创造美好生活，促进其树立积极的劳动观念，形成高昂的精神状态。

学校的空地、实验室、楼顶、教室及家庭等场所可为课程提供必要的资源支持，化学、生物、数学等学科和教师可以为学生提供检测、培育、数据分析等方面的帮助。

（二）定研究导向的劳动目标

教学的结果性目标要求撰写培育方案且有培育行动和成果展示，学生必须对土壤、水质、气温、如何施肥、如何浇水等问题充分调查分析，及时调整研究方案。课程的核心问题为"实地调研农场秋冬季生菜土培与水培的生长条件，形成培育方案，进行培育研究，分享劳动成果"，核心问题具有明确的研究指向。

（三）研究行动的课程实施

1. 提出劳动任务

确定流程：发现问题—组建团队—资料收集—明确任务。

研究活动：寻找目标，资料查询和筛选，实地采集土壤样本，制作分析报告，论证和确定劳动对象为秋冬季生菜的土培和水培。

2. 解决劳动问题

研究环节：制订方案—实施方案—研究调整—展现成果。

研究活动：翻土种植；施肥浇水；制作水培支架；在泡沫中培育幼苗；每天三次记录数据并分析；幼苗死掉或被吃掉，归因；支架调整，增加电动机，维持水量平衡；请教专家，渔耕田实地考察后，调整方案；网购幼苗，重新培育；最终成功。

3. 劳动成果展示

展示环节：用生动的视频、图文展示从提出问题、组队、培育到成功的过

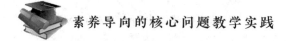

程，展示生菜培育结果，反思提升、分享体会。

成果类型：操作性成果一是水培、土培生菜的培育方案和注意事项，二是师生共同提炼出劳动教育课的一般流程和思想方法。通过课程，学生得到认识性的成果，树立正确的劳动观，提升劳动能力，端正劳动态度。

4. 课程评价反馈

多元评价和焦点评价结合，可从劳动态度、劳动技能、劳动效果等维度进行评价，也可集中焦点深入评价，如学生谈到一次次的失败时眼含泪水，甚至发出"太难了"的感慨，苗黄了重来，苗被吃掉又重来，浇水出问题再重来……劳动过程、劳动成果均可成为点评对象。

评价方式和主体的多样化：小组互评、教师评价、家长评价等交织展现。

多种评价方式相结合：参加的人数、培育的菜品、持续的天数，记录的数据等固然可以量化呈现，但对学生的劳动态度、价值取向等则需灵活评价。

三、蕴含研究性的劳动教育课实施反思与建议

（一）研究理念让劳动教育更具价值

学生带着探究意识去劳动，在劳动中主动发现问题并尝试解决问题，这样的劳动才能激发学生热爱劳动的情感，在体验失败和曲折修正的过程中，学会利用多种手段和方法克服困难，创造性地劳动，体现了新时代劳动教育的特征，让学生感受新时代劳动教育的价值与意义。研究性学习让劳动教育更有亮点、品质、深度，更具时代性和价值感，最终更好地促进人的全面发展。

（二）探究性活动丰富劳动教育课的内容

课程注重劳动主题项目的统筹设计，引导学生以解决问题的形式开展劳动主题活动，在完整的劳动过程中提升劳动素养。

1. 纵向的序列规划及实践——"研导行"

中小学生劳动教育包括日常生活劳动、生产劳动和服务性劳动，均可以在综合实践活动课程的社会服务、设计制作、专业体验、考察探究等领域开展。其具体规划如下表。

	家庭	学校	社会	研究建议
七年级	适应初中生活系列活动：生活自理，学习环境美化、整理家谱等	班级美化、宿舍布置、学校管理、校园清洁等	认识社区、劳动工具使用和项目了解、家庭种植等	对比初中和小学的不同并制订家庭、学校、社会劳动的适应和提升计划
八年级	家务劳动、感恩长辈、家庭旅游攻略、家风传承等	节水活动、学校管理、校园种植、科技课程等	走进敬老院、农事劳动、工业体验、商业服务等	结合所学学科知识和生活经验，对建设美好家庭、学校管理和社会活动做深入思考并积极参与
九年级	花草养护、家电维修、生活技巧推荐、家庭理财等	劳动主题班会、手工展演、劳模报告、生涯规划课程等	禁毒宣传活动、职业体验课程、社会调查、劳动法律知识学习等	参加职业生涯规划课程，初步了解职业特性和标准，分析自己的兴趣点等

2. 横向的项目设计及操作——"行中研"

综合实践活动是以真实问题解决为导向的实践学习活动，在实践中，可将其研究特质融入劳动教育实践，以问题解决为导向组织学校开展劳动实践项目。"秋冬季生菜培育研究"课程依托生菜种植问题，让学生带着研究任务进入劳动现场，主动发现、主动实践、主动研究，发挥自身的主动性、积极性和创造性，进而收获丰收的喜悦。在项目实践中，学生在真实情境中选择适合的劳动项目，围绕项目寻找团队伙伴，进行方案设计；根据方案，进入劳动实践现场，综合运用所学知识、技能开展劳动实践活动；就自己所经历的劳动实践活动，围绕劳动意义等主题进行反思。这样的劳动始终与探究性相伴，是高品质、高效率的劳动教育课。

3. 系统的情境思维和整合实施——"研中创"

新时代的劳动教育要求在生产生活和社会服务中培养学生的劳动价值观、劳动精神、劳动思维等。综合实践活动课程是开放式的，指向学生学习方式的转变与优化，两者都需要持续进行研究，更需要将这种研究基因固化和迁移。如疫情下的劳动教育，一方面可以根据时空的特殊性推出切实可行的劳动主题，如生活自理、营养烹饪、自我调适主题等，使学生即使在疫情下也能真正参与劳动。另一方面，可以线上课堂为主阵地，引导学生通过线上学习对接和引领日常生活劳动等，并以"云打卡""云比赛"等方式激发学生劳动的热情。

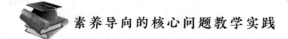

实践证明，渗透综合实践活动课研究性理念的劳动教育课可以促进学生劳动素养的提升、实践能力和创新精神的培养。学校可通过有研究性的劳动教育课程的开发落地，培养新时代的新型劳动者。

参考文献

[1] 戴菁. 人工智能时代更需要重视劳动教育 [J]. 学习时报，2020（6）：19−20.

[2] 冯新瑞. 劳动教育与综合实践活动课程的关系 [J]. 基础教育课程，2020（7）：11−14.

[3] 方凌雁. 劳动教育与综合实践活动课程的统整实施 [J]. 基础教育课程，2020（7）：24−25.

技术赋能劳动教育，扎实践行"五育并举"

——以咸蛋黄川味小吃的研制课为例

易鸿灵

摘　要：随着新时代劳动教育的发展，信息技术在实际教学中扮演着越来越重要的角色。川大附中初中部顺应时代发展，开启了劳动课程研究。本文以学校"咸蛋黄川味小吃的研制"劳动教育公开课为例，从信息技术运用的角度讨论其实践效果，思考如何通过技术转变劳动教育关系，在共同育人中彰显"五育并举"，促进劳动教育发展，推进技术赋能劳动教育。

关键词：劳动教育；技术赋能；核心问题；"五育并举"

2020 年 3 月中共中央国务院发布的《关于全面加强新时代大中小学劳动教育的意见》从劳动教育的重大意义、指导思想等方面，为开展劳动教育提供了行动指南，且明确提出："新时代的劳动教育应体现时代特征。适应科技发展和产业变革，针对劳动新形态，注重新兴技术支撑和社会服务新变化。深化产教融合，改进劳动教育方式。强化诚实合法劳动意识，培养科学精神，提高创造性劳动能力。"同年 7 月，教育部印发了《大中小学劳动教育指导纲要（试行）》，就各级各类学校如何开展劳动教育提出了细化要求与专业指导。2020 年 9 月，笔者所属的川大附中初中部开启了"劳动课程"的研究，分别进行了"四川大学附属中学课程实施方案研究"与"基于核心问题开发实施的课程形态与功能研究"两项劳动教育专题研究。

本校教师黄老师围绕校本教研专题基于核心问题开发实施课程的"一形态四功能"设计，开展了名为"咸蛋黄川味小吃的研制"的劳动教育课程。黄老师面向全校教师展示了这一课程的第四次课——"成果的交流与分享"。课堂上，围绕课程核心问题"线上线下调研咸蛋黄风味小吃的种类及制作工艺，研制四川特色咸蛋黄风味小吃，撰写研究报告，分享劳动成果"，第一组川味蛋黄饼研制与第二组蜀韵蛋黄冰研制的学生对他们的整个劳动过程进行了梳理和总结，重点展示交流了前期的研究成果，还相互进行了讨论评价。总的来说，不管是课程本身还是课堂呈现，对"融入情境、根植缄默、问题导向、活动体验、思维高阶"五个方面都有相应的体现；从内在作用的"践行'五育并举'、统筹课堂内外、促进深度体验、积淀研究素养"四个方面考量，也具研究的价值。

笔者认为黄老师及其团队开发实施的这门课程，从育人的基本载体、课程建构的角度来规划落实劳动教育，把握住了时代精神特质，以信息技术赋能劳动教育，变革劳动教育关系，将实现生命价值的"劳动"与促进生命发展的"教育"融合贯通，最终扎实践行"五育并举"，培养德、智、体、美、劳全面发展的时代新人。

一、技术转变劳动教育关系，共同育人中彰显"五育并举"

本次课无论是课程本身还是课堂实施，都充分考虑和利用了学校内外的育人资源。首先，从校内来说，我校网络畅通，计算机教室可按需便捷上网，两个小组的学生可以利用信息设备与技术查阅到课程研究所需的文献与视频资料。学生们之前就参加过"烘焙"选修课，对糕点等小吃的配料与制作有一定的了解，且又对咸蛋黄川味小吃的制作与品尝有浓厚的兴趣，所以对选择和参与本课程有着相当的热情。黄老师本身对咸蛋黄川味小吃的研制也有浓厚的研究兴趣，并在寒假期间就对课程开发做了大量的前期研究；学校还有一些其他学科的教师，比如生物组廖老师、魏老师，化学组高老师，也利用学科专业知识助力本课程的开发与实施，对咸蛋黄川味小吃研制的营养成分、卫生安全、材料配比等都做过或多或少的技术支持。其次，从校外来说，家长群体中也有一些厨师，或是从事与糕点制作有关工作的人士，这些都为学生专题研究目标的达成提供了可靠的保障。在川味蛋黄饼研制小组的研究过程中，他们就邀请了职业为厨师的家长对学生用"芸豆泥＋牛肉＋麻或辣或麻辣"馅料搭配进行专业指导。

由此可以看出，本课程充分挖掘整合了校内外、各学科的育人资源，就课程目标的实现形成了合力。从两个小组汇报交流的内容来看，在整个劳动研究过程中，学生在黄老师的指导下，借助现代信息技术广泛搜集相关文献、视频资料，了解咸蛋黄的甄别与选择、生鲜咸鸭蛋与冷冻咸鸭蛋的差别等，学生对搜集到的这些资料自主学习和整理归纳，很好地锻炼了他们的分析概括能力。同时，课堂上，黄老师循循善诱，学生落落大方，自信表达，可以明显感受到，在师生关系层面，传统劳动教育中教师主导学生的关系已经转变为师生平等对话、共同发展的关系了，而且更加注重在劳动教育过程中师生形成合作共赢、共同进步的劳动价值观与方法观。另外，学生在使用传统工具与工艺的基础上，将信息技术与劳动教育相结合，在进行数字劳动实践的过程中，提升了研究能力与综合素养。总之，信息技术影响下的劳动教育关系、各种资源的调用都促进了学生德、智、体、美、劳的全面发展，彰显了共同育人中的"五育并举"。

二、技术重构劳动教育内容，丰富活动中落实"五育并举"

基于课程核心问题"线上线下调研咸蛋黄风味小吃的种类及制作工艺，研制四川特色咸蛋黄风味小吃，撰写研究报告，分享劳动成果"，黄老师带领学生开展了丰富多样的劳动研究活动：有主题探究的研究性情境学习活动，比如蜀韵蛋黄冰研制组利用调查问卷，向不同的群体展开冰激凌口味、川味冰激凌品尝需求等相关问题的调查研究；通过实验调整冰激凌配方、种类等研究活动。川味蛋黄饼研制组为了解决蛋黄饼口味问题，经过市场调研选择总体质量较好的江苏高邮咸鸭蛋、山东微山湖咸鸭蛋、广西海鸭蛋；为了解决蛋黄饼四川口味的问题，根据营养搭配，酸碱性原则，加入芸豆与牛肉，经过不断实验比较，最终制作成川味蛋黄饼。这其中有以社会考察为主的体验性情境学习活动，比如蜀韵蛋黄冰研制组通过市场调研，亲自品尝考察葱花肉松口味脆皮雪糕、凉菜冰棍冰激凌等；对淘宝、天猫平台非传统口味的冰激凌进行调研；对肯德基、麦当劳等店咸蛋黄口味冰激凌销售量进行调研。

由此可以看出，本课程在核心问题的引领下，以不同形式的劳动活动为抓手，为学生全面发展搭建脚手架。学生亲历劳动过程选蛋黄、搭配馅料；在教师及专业厨师的指导下，观察、触摸、品尝咸蛋黄，体验不同咸鸭蛋色泽、质地、出油量、起沙感等方面的区别；跟随烘焙选修课教师学习制作蛋黄饼、蛋黄冰。在整个劳动过程中，学生们观看、制作视频；线上发放调查问卷；反复进行实验观察对比，调整配方。这就是信息时代技术赋能劳动教育，以知识、信息为驱动的脑力劳动、数字劳动不断增加的表现。这样的劳动教育不仅重视"教育与劳动生产相结合"，引导学生形成相应的技能，培育学生热爱劳动的态度，更关注将劳动教育融入日常生活中，培养学生的"新劳动能力"，大大转变了劳动教育的形态，重构了劳动教育的内容，是一趟能使学生浸润身心，德、智、体、美、劳全面发展的实践之旅，在丰富的活动中落实了"五育并举"。

三、技术丰富劳动教育内涵，在意义发掘中推进"五育并举"

本课程整体的价值意义内涵丰富。从核心问题的符号意义来看，学生要解决的问题是劳动成果的分享；学生活动的方式是线上线下调研咸蛋黄风味小吃的种类及制作工艺，研制四川特色咸蛋黄风味小吃，撰写研究报告。课程问题和实践方式一目了然，清晰明白，可操作性强。从核心问题的模式意义来看，学生通过线上线下调研，充分了解了咸蛋黄风味小吃的种类及制作工艺，再去研制咸蛋黄川味小吃，这样的流程能够充分激发学生兴趣，彰显信息时代劳动教育特征，激发学生们在传承的基础上创新，在丰富劳动体验的基础上增强劳动能力、理解劳动价值。从核心问题的价值意义来看，学生要解决的问题及活动方式的组织，让两个小组在劳动研究过程中，不仅能体验到劳动探究方法与劳动结果的共性与差异，还能体验到劳动与个人成长及美好生活之间更深层次的情感、态度、价值观之间的关联。正如学生在课堂上所说，"他们不仅学会了制作蛋黄饼和蛋黄冰，更学会了交流表达；养成了不放弃、不害怕、战胜困难的精神"。在课程的实施过程中，学生运用信息技术，动手动脑，亲历整个劳动过程。教师让信息技术赋能劳动教育，在保证劳动教育基本知识、技能和态度目标实现的基础上，把积极的劳动态度和正确的劳动价值观渗透到教学的方方面面，为学生提供更多自主探索、多元化实践的机会，丰富了劳动教育内涵，在意义发掘中推进"五育并举"。

综上所述，展示课很好地证明了本课程运用信息技术赋能劳动教育，利用一切可以利用的课程机会和资源促进了学生德、智、体、美、劳的全面发展，践行了"五育并举"。如果学生在课堂交流过程中，语速再放缓些，内容节奏再慢些，每个方面的重点再突出些，效果会更好。另外，课程实施过程中，对数据记录、分析等如能做得再深入一些，课堂会更有张力；分组再增加一至二组，比如"蓉色蛋黄酱研制组"等，课堂会更丰富完满。

劳动创造财富，劳动关乎未来。我校将会继续努力打造融合了信息技术的劳动课程，引导学生用劳动去创造美好生活，促进学生全面发展，扎实践行"五育并举"。

问题导向促进深度体验，合作探究积淀研究素养

——以咸蛋黄川味小吃的研制课为例

袁小燕

摘　要：基于核心问题开发实施的课程形态，突出体现在融入情境、根植缄默、问题导向、活动体验、思维高阶五个方面。基于核心问题开发实施的课程功能主要有：践行"五育并举"、统筹课堂内外、促进深度体验、积淀研究素养。咸蛋黄川味小吃研制课程突显了问题导向、活动体验等特征，较好实现了统筹课堂内外、促进深度体验、积淀研究素养等功能，从而实现了"五育并举"。

关键词：问题导向；深度体验；研究素养

教育与生产劳动相结合，是我国长期坚持的劳动教育思想。2018年全国教育大会提出构建德、智、体、美、劳育人体系，明确了劳动教育是"五育"中的重要组成部分。2020年中共中央、国务院颁布了《关于全面加强新时代大中小学劳动教育的意见》文件，笔者所在的川大附中初中部与时俱进，积极响应国家新时代要求，展开了一系列有关劳动教育的课题研究。2021年，在延续已开展多年的核心问题教学模式系列研究的基础上，学校新开展了"基于核心问题开发实施的课程形态与功能研究"的课题研究，下面从此课题的"一形态四功能"的角度，来谈谈对本学期其中一节校本教研公开课，即由语文组黄老师执教的咸蛋黄川味小吃的研制劳动教育课的一些粗浅认识。

首先是展示课的部分课堂回顾：课程的开始，黄老师介绍整个课程是以"线上线下调研咸蛋黄风味小吃的种类及制作工艺，研制四川特色咸蛋黄风味小吃，撰写研究报告，分享劳动成果"为核心问题，开展时间长达一个月的劳动教育实践课程。整个课程按照组建队伍、分工确定方向—调研市场、收集资料—反复实验、调整配方—展示交流、收集意见四个阶段来开展。接下来是两个组的劳动过程展示与成果分享。其中，第一小组的展示过程如下：

第一组学生按照原料选择、川味搭配、营养分析、制作流程的顺序为我们展示了川味蛋黄饼的整个研制过程。在最初的种类选择阶段，学生谈到在走访超市并品尝含有咸蛋黄配方的各种小吃时，通过对比发现：部分小吃仅仅是借助咸蛋黄调味，不能凸显咸蛋黄的主体地位，部分小吃如蛋黄酥的酥皮难以制作，这些都是弃选的可能原因，他们最终确定本组的研制方向为川味蛋黄饼。接下来在咸蛋黄的甄别与选择方面，学生通过市场调研，发现江苏高邮咸鸭蛋、山东微山湖咸鸭蛋、广西海鸭蛋三个品种的销售量及质量排名靠前，于是便初步锁定了咸蛋黄的产区。其次对于咸蛋黄是采用生鲜还是冷冻的方式，学生也针对它们各自的优缺点进行了比较并做出了选择。最后从咸蛋黄的腌制方法、腌制时长、蛋黄大小及透亮度、蛋清的清澈度及鸭子进食的差异等方面对三个不同产区的咸蛋黄进行了进一步的对比分析，为后续的最终选择提供充分的依据。接下来学生通过清洗、去蛋壳、去蛋黄膜、喷酒去腥、高温烘烤等步骤对三种不同的生鲜蛋黄进行了加工，从咸蛋黄的感官评价指标如色泽、起沙、出油率、气味与颜色、形态与质地等多方面进行了1~5星的打分比较，最终锁定以广西海鸭蛋作为川味蛋黄饼的主要配料来源。下一项是川味馅料的选择，学生分析常见月饼使用的馅料后，通过黏稠度、甜度等指标在豆类和水果中做选择，而水果由于甜度太高以及不易保存等特点被放弃，最终选定芸豆作为馅料的主要来源。学生充分考虑川味元素（麻、辣），通过查阅烹饪杂志、采访厨师、市场调研走访等多种形式进行学习考察，从营养的搭配角度考虑到牛肉与蛋黄有丰富的蛋白质，从酸碱性原则考虑到牛肉的酸性与芸豆的碱性搭配，最终选择了芸豆泥、牛肉、麻作为川味蛋黄饼的配料。最后是制作流程展示：学生通过亲身实践，在我校烘焙室按照制作馅料、饼皮、发面、烤制、压膜、烤制、刷蛋黄水、烤制、二刷蛋黄、室温回油的步骤进行了制作，经历一次次失败之后，终于烤制出小组成员满意的川味蛋黄饼，最后小组学生将自己的劳动成果与在场的教师分享。

我校课题专家在讲座中谈到，基于核心问题开发实施课程的"一形态"是指基于核心问题开发实施的课程共同具有的外在形式特征，突出体现在五方面：融入情境、根植缄默、问题导向、活动体验、思维高阶。基于核心问题开发实施的课程"四功能"是指：践行"五育并举"、统筹课堂内外、促进深度体验、积淀研究素养。下面，笔者将重点从"一形态"中的问题导向下的活动体验以及"四功能"中的积淀研究素养功能两个方面展开评述。

问题导向，即以核心问题引导师生完整的情境学习活动。主要表现在：发现问题，选择、解决、反思问题，再生问题。活动体验，即是全身心地投入核心问题引导下的活动并在活动中有意识地获得体验，主要表现在：浸渍于活动中，重视体验获得，乐于体验交流。我们从学生的展示中不难看出，整个川味蛋黄饼的研制过程，是以核心问题引导师生的情境活动，师生通过线上调研咸鸭蛋的销售量及质量，线下调研超市咸蛋黄的风味小吃，研制具有四川特色的咸蛋黄风味小吃。在整个过程中，学生不断融入情境发现问题：发现有的小吃不能突出蛋黄主体地位，蛋黄酥酥皮难以制作，进而选择研究蛋黄饼的制作；发现三个产区的蛋黄质量存在差异，继而选择研究各产区的蛋黄质量；发现在烤制过程中，存在烤煳、蛋黄饼"鼓腰"爆裂的问题，从而研究蛋黄饼不美观的原因。发现问题之后，便投入核心问题解决以及解决后的反思提升与评价反馈等活动。在整个过程中，学生在种类的选择、咸蛋黄的甄别与选择、川味馅料的选择、营养的搭配、精心制作及反思改进问题的每一个环节，都全身心地投入其中，沉浸于比较蛋黄、敲蛋黄、观察蛋黄、烤制蛋黄等真实的活动情境当中，并且在这些体验中获得了甄别蛋黄品质的方法，获得了蛋黄饼的完整制作流程，获得了经历失败后潜心研究解决办法从而最终成功的喜悦。在展示课中，学生教师介绍如何选择鸭蛋黄以及如何解决制作中出现的问题，他们在这样的交流中充满自信，在分享劳动成果时亦乐在其中。

积淀研究素养，即学生在核心问题的引导下，在研究中学习，在学习中研究，进而积累沉淀研究的基本品格和关键能力。在咸蛋黄川味小吃的研制课程中，学生在核心问题引导下，在不同阶段根据自身需要多次有针对性地进行市场调研，多次进行实验观察对比，反复尝试不同配方下的小吃口味并结合大众的喜好进行调整。研制过程中，面对制作失败的蛋黄饼，仔细分析原因并反复改进完善工艺，在这个过程中，每个组员尽心尽责在与同学共同应对、相互沟通、克服困难的过程中解决问题。首次动手制作蛋黄饼的好奇心、对于营养物质分析的求知欲、完成美观且美味的蛋黄饼时的成就感，得到他人对成品赞美时的满足感等，这些都在课程的行进过程中不断地被激发，进而养成了学生敢于尝试、勇于探索、百折不挠、乐于创新的研究精神。核心问题来源于纷繁复杂的真实世界情境，学生习得的知识来源于实践，学生在咸蛋黄川味小吃的研制课程中所习得的新产品的研制方法及一般研制步骤，同样适用于其他食品的创新研制。这些源于实践的知识方法，比起没有经过实践而直接灌输给学生的知识方法，更有利于提高学生解决问题的能力，促进学生把人类公共知识方法转化为富有生命力的个人知识、个人方法，又在新的层次上提高学生在实践中学习的能力。

咸蛋黄川味小吃研制劳动教育课程是基于核心问题开发实施的，从课程形

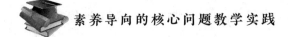

态来看，除了以上重点谈到的问题导向及活动体验外，在根植缄默及思维高阶方面仍然较为凸显，应该说整个课程的形态较好保障实现了统筹课堂内外、促进深度体验、积淀研究素养等功能，从而支撑了课程的核心功能——践行"五育并举"。实现了课程的四个功能，其实就是落实了全面发展、长于研究的办学理念，从而实现促进学生的全面而有个性的发展。

当然，对于此课程，笔者也有一点不成熟的建议：如果能在研制风味小吃的过程中，更加精心设计情境学习活动，且活动能够贯穿课程学习的全过程，学生能在课程核心问题的激发下，融入一些学习探索情境，主动与情境交互作用，获得情境感知，那么，这个课程便能够再上一个新的台阶。

在劳动课程中彰显育人价值

——观评咸蛋黄川味小吃的研制课

王　源

摘　要： 劳动实践课既要让学生出力出汗，也要培养学生对劳动技能的掌握度。教师在劳动课程育人过程中，将劳动生活化、情景化，基于学生缄默知识，利用问题导向，引导学生在劳动中改变思维习惯，提升思维能力，让学生习得劳动技能、学会与人合作、创新劳动方法、培养坚持不懈意志等，使综合育人价值在劳动课程中得到了全面彰显。

关键词： 劳动课程；育人价值

2020—2021学年，笔者所在的川大附中初中部校级综合实践活动课，以劳动教育为内容，在提升学生劳动能力，加强学生劳动技能养成，积累学生劳动经验等方面，取得了良好效果。通过黄茜老师的教育引导、学生分组展示，川味蛋黄饼、蜀韵蛋黄冰的制作过程被清晰展示出来。通过劳动实践体验内容、劳动实践小组合作形式、劳动知识学习和劳动成果呈现，观课者感觉到了学生的劳动教育在真实发生，劳动教育的知识性、实践性、趣味性、思想性得到了彰显。

基于核心问题的劳动教育课程开发，其育人价值体现在课程形态上，突出体现在五方面：融入情境、根植缄默、问题导向、活动体验、思维高阶。黄茜老师的课程正体现了上述五个特征。

一、劳动课程育人价值之融入情景

（一）生活情景的融入

在本节课中，教师并非直接告知学生要研究和制作蛋黄风味小吃，而是让学生在日常生活中去收集整理咸蛋黄的相关知识，结合学生的生活体验，将劳动课程的内容呈现给学生，使学生的研究性学习来源于生活。这样的导入，不仅令学生兴奋，还促使学生从已有的生活经验出发去发现探索更多可能。

（二）科研情景的融入

为了做好这门劳动教育课程，在教师的带领下，学生首先进行分组，每个小组再内部分工，进行市场调研、文献研究、调查问卷等活动。通过本次研究，学生思考和撰写调查报告，并得出了自己的结论。初中学生经过这样的情景融入，真正体验了科学研究的一般步骤，让劳动课程的育人价值得到体现。

（三）探究情景的融入

在进行问卷调查后，学生探讨产生新问题，经过请教专业的厨师、走访长辈和同辈，他们产生了更多的思考，并将这些思考和问题带回到校园，请教教师，从问题入手，将研究探索后把结论形成文字。学生在逐步深入的探究中，形成了自己的观点，在动手制作的过程中，不断尝试和修正，寻找到了最佳的实践方案，他们时而是研究员，时而是厨师，时而是品尝师，获得了充分的探究体验。

二、劳动课程育人价值之根植缄默

（一）缄默知识的重建与重塑

从学生的缄默知识来讲，一是基于八年级学过的一篇《端午的鸭蛋》的课文，学生了解到了高邮的咸鸭蛋，通过知识拓展也了解到了海鸭蛋等，这是学生已经具有的知识。二是在生活上，学生经历过许多次的端午节，对于咸鸭蛋的味道、颜色、外观等具有一定的知识基础，但是对于咸鸭蛋的制作方法，却并不了解。这堂劳动教育课对带领学生进行劳动教育，让学生积累知识和经验，完善缄默知识技能，重建认知和价值观，重塑劳动观念都具有积极的作用。

（二）缄默知识在劳动课程中的育人价值

缄默知识可以促进学生对核心问题的理解和把握。学生们通过劳动实践，在问题导向的活动中展开研究性活动，使已有的知识不断更新扩充，将原有的知识，转换为了知识和经验。这种知识经验，将成为学生新的综合能力。

三、劳动课程育人价值之问题导向

学生对于咸鸭蛋、蛋黄冰和蛋黄月饼都仅仅停留在尝过、吃过的阶段，对于制作方法却一无所知。在教师的引导下，学生积极探索尝试解决问题。

（一）问题导向让参与者锲而不舍

在课程中，学生成为探索者、制造者、分享者。学生在未知领域不断探索新问题，如他们从川味的佐料中找到花椒，产生新的问题后又去了解红花椒和青花椒的区别，将发现的问题写下并着手去解决问题。经过这样的探索，学生不断研究，不断反思并解决问题。一种锲而不舍的探究精神在此彰显出来。

（二）问题导向让师生共同学习

在研究过程中，不仅学生遇到了困难，教师在指导研究中也遇到了一些障碍。师生形成一个学习共同体，共同寻找解决问题的方法。这样的学习共同体正是劳动课程育人价值的体现。

四、劳动课程育人价值之活动体验

（一）活动体验的实践性

教师引导学生从真实的生活情境中发现问题，在问题的提出中认真筛选有价值的、能研究的、可坚持的综合性问题，通过师生共同的挖掘整理，将问题转化为课题、项目名称及核心问题，学生在教师的带领下开展充分研究。

对于咸蛋黄的甄别与选择问题，学生找到了咸鸭蛋的产地，通过对比试验，找到了做咸鸭蛋的最佳鸭蛋产地。川味馅料的搭配方案，蛋黄月饼的制作，生鲜咸鸭蛋、冷冻咸鸭蛋的对比，都是学生利用网络、走进超市、走近知名厨师后学习了解的。学生的研究性学习已经远远超出了原有的、仅限于自己生活的实践经历。

（二）乐于交流分享

在研究性学习方法的指导下，学生开始跳出日常的生活圈，带着问题去研究。他们在阶段研究中重视体验，在体验中善于对话，乐于分享；在总结性成果中，以图文并茂的形式，发表自己的研究成果。这样的交流方式，让劳动课程的育人价值得到显现，综合实践活动课的教育目标得到实现。

五、劳动课程育人价值之高阶思维

（一）分析、评价、创造能力提升

在整个研究过程中，学生在教师的带领下，学会了分析。从小组总结可以看出，学生的分析是多维度、多层次的，分析的条理性和逻辑性比较强。在总结阶段，小组间进行自我评价、相互评价，评价内容是基于实践结果的。评价内容的真实有效，是本次劳动课程实施最有意义的一点。通过本次劳动课程的实施，学生的高阶思维能力得到综合提升。在学生合作制作蛋黄饼的过程中，学生的创造力也得到了提升。

（二）思维能力全面提升

通过本次劳动课程的实施，可以看出学生的思维模式变化比较大，各方面能力都得到全面提升。从学生的整个课程表现，可以发现学生思维模式由现象到本质、由具象到抽象、由孤立到系统的转变。他们实现了从最初单纯的语文知识学习，到课程后的动手能力、创新意识以及思维能力的全面提升。

六、总结

（一）教学建议

现代社会的劳动既要求出力出汗，也要求培养学生对技能的掌握能力。这两点都能从课程展示里能看到。若能在过程中对制作流程的数据进行记录、统计和分析，这样的劳动成果将更具有科学性。这种具有研究性的培养方式正契合了我校建设研究型校园文化的目标。

（二）彰显育人价值

通过教师与学生的展示，我们看到了学生的可喜变化。学生养成了好的劳动习惯、学会与人合作、探索研究方法、学会坚持不懈等，而学生的收获，正是劳动课程育人价值的重要内容。本次劳动课基于核心问题开发实施，很好地践行了"五育并举"的教育目标，课程统筹了课堂内外，让知识学习和实践体验真实而有效地发生。

外部形态优美呈现，劳动课程赋能成长

戴利蓉

摘　要：咸蛋黄川味小吃的研制课程基于核心问题开发实施，其形态和功能要素齐备，外在特征彰显明显。课程在问题引导下，使学生进行了丰富的活动体验，融入情境、根植缄默、思维高阶贯穿其中。课程外形特征优美，但在活动体验呈现方式、多元综合评价、学科知识联系等方面略显不足，仍有进一步提升的空间。

关键词：劳动素养；高阶思维；形态优美

教育部印发的《大中小学劳动教育指导纲要》要求在大中小学设立劳动教育必修课程。成都市教育局把劳动教育纳入未成年人培养全过程。武侯区发布了《武侯区全面推进新时代中小学劳动教育实施方案》，目的是促进学生形成良好的劳动素养。笔者所属的川大附中初中部正是在这样的大背景下开发了劳动课程"咸蛋黄川味小吃研制"。

咸蛋黄川味小吃研制课程共四课时，学生分两个小组分别制作了川味蛋黄饼和蜀韵蛋黄冰。令笔者印象深刻的是川味蛋黄饼小组，在他们的分享环节，五位学生向我们展示了劳动过程的五个步骤：蛋黄饼的种类选择、咸蛋黄的甄别与选择、川味馅料的搭配、川味蛋黄饼制作实操、成果展示。

这一劳动课程是基于核心问题开发实施的课程，其形态和功能要素齐备，外在特征彰显明显，本文仅就课程优美的外部形态作简要评述。

一、一美：融入情境，主动积极

融入生活情境，为调研铺垫基础。咸蛋黄风味小吃的种类及制作工艺、咸蛋黄风味小吃的实验研究、线上线下调研数据分析、烘焙劳动的实践情境让学生较好地融入了社会生活情境。这些生活情境，为调研之路打好了基础。

融入学习情境，为调研提供方法。为了让蛋黄与饼能更好地融合在一起，需找到出油率最高的蛋黄。为了达成这一目标学生对三种鸭蛋进行了清洗、去蛋壳、去蛋清、去蛋黄膜、高温烘烤、观察比较等多种操作，体验了烘焙师的职业情境；同时学生还在超市和网站对鸭蛋的种类进行选择，运用 Excel 表格对数据进行星级量化，深度融入了食品研发工作者的职业情境。

融入情境感知，为调研提供保障。学生在课程核心问题的激发下，很快进入了小吃的调研和研制、烘焙等社会生活情境和学习生活情境。学生在课程学习中主动参与烘焙，学习烘焙时间、温度、压膜力度等方面的细节把控。经过反复实践，不断改进，学生获得了对馅料调制和烘焙实践的情境感知。

在课程推进过程中，学生很好地融入不同情境，情境学习活动贯穿课程学习的过程。

二、二美：根植缄默，激活生成

根植缄默知识，促进活动体验。学生在清洗、剥壳、烘烤、挑选蛋黄的学习中，依据已有的一般家庭生活劳动经验，熟练而高效地完成了原料的甄选。

激活学科缄默知识，提升科学素养。学生在对江苏高邮咸鸭蛋、山东微山湖咸鸭蛋和广西海鸭蛋味道评价的学习中，依据在地理科目中习得的物产相关知识，了解了三地鸭蛋的差异。学生在填写不同产区生咸鸭蛋比较表、蛋黄感官评价表、川味馅料的搭配效果表时，依据在生物课堂学习到的观察记录、操作分析等缄默知识，以及在信息技术课堂中习得的数据搜集、分析等缄默知识，让实践数据和结果更真实科学。总之，活用学科缄默知识，可以提升学生的科学素养。

丰富原有缄默知识，获得深度体验。核心问题的解决过程有效激活了学生的缄默知识，通过线上线下调研小吃的种类及制作工艺，馅料咸、甜、鲜的量表分析，以及后来的一系列劳动与研究活动，学生获得深度体验，并在深度体验中归纳反思、修正已有的缄默知识，从而生成新的知识。这些阶段交流使学生的缄默知识与显性知识相互作用，丰富并支撑了显性知识的运用。

三、三美：问题导向，一线贯之

从介绍课程开发的背景意义，提出核心问题，到调研、方案设计，再到实验测评与方案调整，以及最后的反思提升与评价反馈，师生均以核心问题为引导。

在四次课程推进中，学生不断地融入蛋黄饼制作的各类实践场景，发现不同产区生咸鸭蛋的口感差异、烤煳、"鼓腰"爆裂等问题，选择了有价值、能研究、可坚持的问题，通过理性分析和思考，促进核心问题解决。

课程的学习始发于问题，终于问题。

四、四美：活动体验，赋能提升

不管是调研小吃的种类及制作工艺，还是研制特色风味小吃的配方，整个劳动课程都以活动的方式进行。学生重视调研和烘焙的体验，体会到了科研的深奥和艰辛，也感受到了四川饮食文化的魅力。在全身心地投入活动后，学生对劳动课程有了更深的感受。

五、五美：思维高阶，提高效率

本次劳动实践课程，教师引导学生掌握系统、全面的烘焙知识和技能，融合多学科的知识，培养了学生多方面的兴趣和才能。在体验试制蛋黄饼的过程中，有效提高课程实施效率，激发和发展了学生的高阶思维。

在研究课的阶段小结中，学生总结出了科学研究的一般过程，思维呈现出由易到难、由现象到本质、由孤立到系统递进的成长。

咸蛋黄川味小吃研制课程在核心问题引导下进行，融入情境、根植缄默，促进了学生思维能力的提升（如图1）。

图1 咸蛋黄川味小吃研制课程形态结构

教育是一门遗憾的艺术，虽然本次课程十分精彩，但笔者认为以下几点仍可优化：

（1）活动呈现方式单一。

劳动课程是一门实践性极强的课程，活动多，学生体验丰富。但是第四次

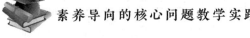

课的分享交流环节，学生只用了几张表格和部分图片来呈现活动。这样单一的呈现方式略显单薄。

建议师生在共同开发课程中，注意多搜集活动资料，实践性比较强的环节可录制影像资料，让劳动过程展示更充分。

（2）多元综合评价体系有待完善。

劳动教育不只是传授动手能力，更重要的是价值观和习惯的养成，多元综合评价体系能更科学地开展劳动教育质量监测，强化反馈和指导。本次课程只有教师从劳动能力、习惯、品质、观念等角度进行评价，评价主体单一，评价维度不多。

建议关注学生成长过程，全面客观记录学生课程内外的劳动过程和结果，注重过程性评价与最终评价相结合，客观反映中小学校劳动教育状况、学生劳动素养发展水平，为改进学校以后的劳动教育教学提供参考。

（3）缄默知识间的学科联系较少。

激活缄默知识有利于推进课程开发，丰富教学内容。劳动教育与各学科课程有一致的价值追求。本次课程学生有地理和信息技术学科缄默知识的支撑，但是学科之间联系非常少。

建议学校对课程进行融合与整合。在各门学科中融入劳动教育元素，让学生充分意识到课本上的知识与生活技能之间的联系，帮助学生搭建与劳动教育相关的新知识框架。

坚持"五育并举"，弘扬劳动精神，培育高质量的劳动者，是时代赋予教育工作者的重大使命。我们期待开发更多更精彩的劳动课程，以促进学生养成良好的劳动素养。

创设情境，沉浸活动，深度体验

——谈咸蛋黄川味小吃的研制课的活动体验策略

范 琴

摘 要：本文以劳动教育课"咸蛋黄川味小吃的研制"为研究对象，重点分析课程中教师如何以小组合作的方式展开教学，并创设教学情境让学生沉浸于活动中，重视学习体验的获得，促进学生发展。

关键词：劳动教育课；情境体验

2021 年 4 月，川大附中初中部黄茜老师展示了一节劳动教育课——咸蛋黄川味小吃的研制。本节课紧扣本期校本研究主题"基于核心问题开发实施的课程形态与功能——形态四功能"，从提出问题、解决问题、反思提升、评价反馈等环节突出了综合实践课的形态与功能特点。课程受到了听课教师的一致好评，本文将重点谈谈课程是如何通过一系列的教学活动让学生沉浸于活动中，重视体验获得，乐于体验交流的。

一、开展小组合作，让学生沉浸于活动

活动体验以小组合作的形式开展。这是因为在活动中，学生首先在实践中获取直接经验，再通过与同伴的合作实现个人经验的交流与分享，这样获得的知识更加丰富、全面。黄老师本堂课从开始到结束一直以小组合作为主体教学活动。开始调查前，黄老师确定了活动主题并调查、搜集材料，之后通过讨论确定角色分配并落实到学生个体，使每个组员都承担一定的体验任务。黄老师在分组时充分考虑了不同影响因素。

（一）角色分配要考虑学生的性格特点

课程围绕"咸蛋黄川味小吃的研制"活动，小组测评咸蛋黄风味小吃的类型、风味以及营养价值、制作方法、收集并整合资料，根据学校实际情况选择合适的内容进行深入的学习和研究，组建小组。在角色分配时，黄老师考虑到

了成员的性格特点，引导他们合理分工：沉稳的学生适合主抓全面工作，写整个流程的方案；活泼的学生适合当汇报的讲解员，负责小吃研究过程的介绍；细心的学生承担资料搜集、发起讨论等任务，各小组进行实验比较，尝试制作试吃测评，最终制造出两款不同类型的咸蛋黄川味小吃。

（二）确定活动主题一定要考虑学生的兴趣

对于小吃，学生大多都很感兴趣，所以他们对这个主题会格外关注。同时，学生平时都是作为食客享受食物，而现在需要自己亲手去做，他们会感到新奇，这也会刺激他们大胆地去尝试不同的角色。此外，这项活动还要综合多学科的知识，这就需要在活动前开展有关材料的收集与整理工作，确保学生能在活动中准确、成功地融入所扮演的角色。当然，也要考虑活动的可行性，难度太大反而会使学生降低兴趣。"咸蛋黄川味小吃的研制"活动的内容难度不大，学生通过上网查阅资料并进行实地考察和体验，都能完成预设的活动目标。

（三）活动评价的内容要多元

"咸蛋黄川味小吃的研制"的评价活动有交流、评价、反思三个环节。其中，交流是小组间交流或者本组组员在活动中相互交流。评价有四个步骤：小组成员在小组内介绍本人所承担的任务，以及完成任务的过程和结果；对自己在本次活动中的表现进行自评；小组对每个组员进行评价；教师综合点评小组各方面的表现。反思的内容是每个学生提供研究反思报告，总结收获和经验，反思自己在活动中的行为，为下次活动打好基础。做这样的评价，目的有三：一是对本人学习和研究过程的总结；二是了解合作伙伴的学习和研究情况；三是了解其他小组的学习和研究过程及经验教训，深化合作。

二、创设情境，重视学生体验

在劳动教育课，学生体验的是社会中真实存在的角色，因此，整个社会大环境就是教学的情景。这就需要让每个学生清晰地了解自己扮演的角色，包括角色的作用、社会责任、行为规范等，教师应尽量让每个学生"身临其境"。在黄老师的课程中，情景创设体现在整个活动过程中。

（一）充分做好活动准备

在引入环节，黄老师分别介绍了前三次课的前期研究，学生测评了解咸蛋黄风味小吃的类型以及详细的制作流程，进行了一定范围的实地调研，随后制作调查问卷，通过查阅资料，走访面包店、甜品店等，了解咸蛋黄风味小吃的消费情况和制作方法。通过这一系列的活动设计，学生体验到了制作风味小吃的前期工作，从中获得了研究性劳动的乐趣，激发了学生的劳动积极性。

（二）制订计划，开展活动

在教师的分组分工后，学生收集资料、对资料进行初步整合，再进行深入学习和研究，最终组建小组。从设计创意咸蛋黄风味小吃的制作方法到食材的甄别、选择搭配、尝试制作、试吃测评，学生在专业厨师的指导下深入体验了新式创意美食的研发流程，体会了传承的意义、创新的价值。在劳动过程中，学生积极运用研究所得，提高劳动质量和效率，与他人分享劳动的喜悦与成果。

（三）开展总结汇报

每个成员在汇报中都踊跃发言，汇报分工明确、思路清晰，汇报内容都含有本人所承担的任务的介绍以及完成任务的过程和结果，对自己在本次活动中的表现自评，对每个组员进行评价；教师全程参与评价过程，给予每个小组适当、得体的评论。

三、教学建议

课程教学蛋黄饼的研制过程中，需要加入川味配料。其中一个配料是花椒，黄茜老师让学生直接尝试味道，直到口感合适为止，然后记录数据。此方法是用传统经验方式去配料做饼。个人觉得既然教师已经让学生记录了数据，何尝不可让学生分析数据，比如从生物学、化学方面分析数据，得出科学的配方——用多少花椒对大部分人的口感来说更为合适。在此过程中，学生亲自参与数据分析，得出科学结论，能更准确地掌握劳动技能，更深刻地体验到研究性劳动的兴趣，激发学生持续劳动和创新探究劳动的积极性。

本堂劳动教育课提高了学生解决问题的能力，通过一系列的活动，让学生体验了创造性劳动带来的快乐，学习到解决问题的办法，发现、学习并体验、应用了劳动基本技巧，也改变了自己的劳动态度和行为，有助于更好发展和提升自己。

融合信息技术的初中劳动教育课程实践研究

张璐萍

摘　要：劳动教育具有社会属性和时代特征。目前，我国劳动教育存在缺乏以学生为主体的教学形式单一、教学效果不佳等问题。针对这些问题，本文阐明了信息技术与劳动教育结合的可能。本文将围绕劳动教育与信息技术的关联，探讨运用现代信息技术推进和落实劳动教育、培养学生的劳动素养、提高学生的创造精神和实践能力等问题。

关键字：劳动教育；信息技术

一、新时代的劳动教育

劳动教育的基本理念是：强化劳动观念，弘扬劳动精神；强调身心参与，注重手脑并用；继承优良传统，彰显时代特征；发挥主体作用，激发创新创造。随着互联网技术的深入发展，信息技术正以独特的方式悄然扩展到经济活动的各个领域，改变了人们生活的方方面面。时代在发展，劳动亦变得复杂多样，劳动教育具有了新的时代内涵。在"互联网＋"的大环境下，劳动教育的内容不断更新、扩充，劳动教育的方式也在不断刷新。

新时代劳动工具、劳动技术、劳动形态发生了新的变化，要求教师创新劳动教育课程的内容、途径和实践方式，增强劳动教育的时代性。教师要培养学生正确的劳动观，激发他们的创新意识，提高学生的动手能力和解决问题的能力。

二、对信息技术融入劳动教育的问卷调查

信息技术是人类改造世界、创造财富的工具。在开展劳动教育方面信息技术既有学科使命，也有其学科优势，不断涌现的新劳动形式往往也离不开信息技术的支持。本调查围绕劳动教育与信息技术的关联，自编问卷，分别对笔者所属的川大附中初中部部分教师和学生展开问卷调查。每类问卷各有 12 个题目。教师版问卷主要调查教师对信息技术支持下的劳动教育的理解、对授课形式和

信息技术运用的看法。学生版问卷主要了解学生对信息技术支持下劳动教育的态度和参与情况等。此次调查共收回有效问卷教师版 80 份、学生版 538 份。

（一）教师版问卷数据分析

从表 1 调查的数据看，86.25％的教师认为新时代背景下的劳动是"以学生为主体，充分实践的劳动"。从表 2 调查数据看，85.00％的教师认为在劳动课程中融入信息技术更有利于学生认识、操作和实践，76.25％的教师认为在劳动课程中融入信息技术能营造生动的课堂气氛，65％的教师认为信息技术使操作演示更直观，66.25％的教师认为这有利于学生掌握技能方法，58.75％的教师认为其更有利于解决劳动课程中的重难点内容。从表 3 调查数据看，86.25％的教师会对拍摄的视频和图片资料进行处理，83.75％的教师认为会有多媒体课件的制作与使用，71.25％的教师认为会用到网络搜索，70％的教师认为会利用到 Word、Excel 软件处理文字、数据，3.75％的教师认为还会用到其他信息技术。

表 1　教师对劳动教育的理解

选项	小计	比例
单纯的体力劳动	0	0.00%
手脑并用、出力流汗的劳动	8	10.00%
以学生为主体，充分实践的劳动	69	86.25%
其他	3	3.75%
本题有效填写人次	80	

表 2　教师对信息技术融入劳动教育的看法

选项	小计	比例
能营造生动的课堂氛围	61	76.25%
更有利于学生认识、操作、实践	68	85.00%
更有利于学生掌握技能方法	53	66.25%
操作演示更直观	52	65.00%
更有利于解决劳动课程中的重难点内容	47	58.75%
其他	0	0.00%
本题有效填写人次	80	

表3　教师对在劳动教育中使用信息技术工具的认识

选项	小计	比例
多媒体课件的制作与使用	67	83.75%
网络搜索	57	71.25%
利用 Word、Excel 软件处理文字、数据	56	70.00%
对拍摄的视频和图片资料进行处理	69	86.25%
人工智能技术	56	70.00%
微课制作	56	70.00%
其他	3	3.75%
本题有效填写人次	80	

（二）学生问卷数据分析

从表4调查数据看，79.55%的学生认为利用信息技术手段收集和展示成果更有效、直观。从表5调查数据看，69.33%的学生非常希望教师能录制视频和微课，方便学生自主学习。从表6调查数据看，82.34%的学生会用 PPT 制作研究报告，80.11%的学生会用到网络搜索，70.82%的学生会利用 Word、Excel 处理文字、数据，76.21%的学生会对拍摄的视频和图片进行处理。

表4　学生对信息技术融入劳动教育的态度

选项	小计	比例
非常认同	428	79.55%
一般认同	103	19.14%
其他	7	1.30%
本题有效填写人次	538	

表5　是否希望老师在劳动教育课程上录制视频或微课

选项	小计	比例
非常希望	373	69.33%
一般希望	151	28.07%

选项	小计	比例
其他	14	2.60%
本题有效填写人次	538	

表6 学生认为在劳动教育课程中会用到的信息技术

选项	小计	比例
PPT 制作研究报告	443	82.34%
网络搜索	431	80.11%
利用 Word、Excel 处理文字、数据	381	70.82%
对拍摄的视频和图片资料进行处理	410	76.21%
人工智能技术	268	49.81%
其他	117	21.75%
本题有效填写人次	538	

本次问卷调查旨在通过对调查结果的统计分析，为信息技术支持下的劳动教育课提出相应的对策和建议，以便更好地开设劳动教育课程。通过对问卷结果的分析可以发现，师生对信息技术支持下的劳动教育课程的开展有浓厚的兴趣。

三、信息技术融入劳动教育课程的实践

我校劳动教育课程具有思想性、社会性、实践性、研究性特征。在积极推动劳动教育的背景下，化学组开展了为期五周的"豆腐乳的制作及研究"课程。下文将具体分析信息技术在各教学环节发挥的重要作用。

（一）教学设计

本次劳动课程的主要内容是师生通过网络查阅资料，调研豆腐乳的制作过程，撰写研究报告。这一过程中的许多步骤都需要信息技术的支撑。

（二）课前准备

课程的前期准备，除了实地调研，以在网络查询资料为主。面对网络上的大量资料，学生需要运用信息技术课程中学到的方法，根据需求选择有用的信息。比如研究豆腐乳的制作过程时，关键词的搜索就需锁定豆腐乳的制作过

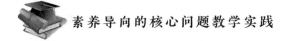

程，并从搜索结果中寻找有效信息。

（三）劳动课程导入环节

教师展示的是本次劳动课程的第四次课。课程开始时，用制作精美的PPT课件回忆了每个小组长达一个月的研究过程。清晰的图片，生动的视频，合适的背景音乐，让这个劳动课程一开始就吸引了学生的目光。

（四）劳动成果展示环节

学生详细汇报小组制作豆腐乳的过程。各小组利用问卷星等工具展开调查，并利用数据分析软件处理相关数据，最后使用饼图、折线图等可视化方式，对比不同数据，观察豆腐乳的变化情况。此外，学生采用汇报演示软件整理编辑研究过程中的照片、音频和视频等素材，动态地展现小组研究成果。最后，教师组织学生从资料学习、研究策略、创新设计、豆腐乳制作、数据记录、结论分析、成员协作情况等角度对各小组的项目进行评价，并从劳动认识和项目研究层面提出建议，完善豆腐乳制作方案，引导学生进行项目归纳与迁移总结。

四、总结

新时代背景下的劳动教育课程离不开信息技术的支撑，在劳动教育课程实施的过程中，我们可以在教学设计、课前准备、课程导入、成果展示等环节应用信息技术。

参考文献：

[1] 杨欣悦. 新时代中小学劳动教育的价值、困境及路径探析 [J]. 辽宁教育，2020（22）：31—34.

[2] 彭泽平，邹南芳. 新时代高校加强劳动教育的价值意蕴、逻辑机理与实践方略 [J]. 黑龙江高教研究，2020（12）：1—5.

[3] 唐建，王志宏. 新时期劳动教育校本化途径与方法 [J]. 四川教育，2018（Z1）：22.

[4] 孙瑞芳. 信息化时代学校劳动教育的认识澄清与实践应对 [J]. 中国德育，2019（21）：7—10.

[5] 陈明明. 信息技术学科落实劳动教育的思考与实践——以算法与程序设计教学为例 [J]. 中国现代教育装备，2020（18）：19—22.

[6] 周兴国，曹荣荣. 论劳动的育人价值及其实现条件 [J]. 南京师大学报（社会科学版），2020（6）：30—38.

浅析信息技术在初中劳动教育课程中的应用

杨　静

摘　要：中小学生劳动教育课程是实现劳动教育目标的主要渠道，受到国家的高度重视。本文以"豆腐乳的制作及研究"劳动教育课程为例，分析信息技术在初中劳动教育课程中的应用。

关键词：信息技术；劳动教育课程；豆腐乳制作

一、研究背景

劳动教育不只是指体力劳动，也包括基于体力劳动与物质生产、探索性创新、艺术审美性劳动的实践活动。

2020年3月中共中央、国务院发布的《关于全面加强新时代大中小学劳动教育的意见》明确要求"设置劳动教育课程"，劳动教育课程被纳入国家必修课程。信息技术在教育领域中的应用范围较广，如"互联网＋"教育、创客教育、电子书包、翻转课堂等。笔者所属的川大附中初中部是一所研究型学校，构建了具有本校特色的劳动教育课程。如何将信息技术融入劳动教育课程，是一个有待探索的问题。

在初中劳动教育课程的整体架构下，笔者以本校"豆腐乳的制作及研究"课程为例，探究信息技术在劳动教育课程中的应用，以期扎实、有效地推动本校劳动教育课程的开展和实施。

二、研究现状

劳动教育是素质教育的重要组成部分，是将德、智、体、美等统筹起来的关键所在。近年来，我国中小学校在劳动课程实施的过程中并没有达到预想的成效，其原因主要有：劳动教育课程资源缺乏，课程教学方式单一，课程内容脱离学校实际情况，课程评价方式较为片面等。为使劳动教育课程能够有效实施和落地，有必要探索优化劳动教育课程教学方式的手段。信息技术是促进教育与劳动结合的重要手段，可以使劳动教育更加丰富、多样、高效。因此，本文将探索如何将信息技术融入劳动教育。

三、我校的劳动教育课程

新时代劳动教育课程建设的核心在于"为什么建""建什么""怎么建"。学校制订了相应的课程实施方案，除开设专门的劳动教育课程，还在其他学科的教学中融入劳动教育。如烘焙、皮影戏、磨玉等课程，注重在真实的劳动场景中培养学生的核心素养。

在本学期的"豆腐乳的制作及研究"课程中，第一组学生对豆腐乳的营养价值、经济价值、文化价值进行了研究，制作了白菜豆腐乳。第二组学生从传统工艺、现代工艺的角度对豆腐乳进行了研究，制作了香辣豆腐乳。第三组学生介绍了他们的研究目的、意义、方法、内容，制作了红油豆腐乳。第四组学生从前三组学生制作的豆腐乳中选择了其中一种进行推广。学生们通过劳动创造了价值，在活动中体验到了劳动带来的快乐和幸福。

四、浅析信息技术在劳动教育课程中的应用

学生通过实实在在的劳动，亲自动手制作各具风味的豆腐乳，在劳动的过程中合理使用信息技术，使问题的解决更加高效、便捷。

（一）信息技术学科知识——为劳动教育课程奠基

1. 多媒体课件的制作与应用

在分享与交流中，每个小组都制作了多媒体课件展示本组的研究成果，所制作的课件内容安排得当，极有表现力。第一组使用比较简洁的 PPT 模板制作课件，风格比较统一，画面干脆利落。第二组使用比较清新的 PPT 模板制作课件。第四组使用课件风格与第一组相似，但内容的呈现方式更具优势，文稿简洁大方，表现力强。

各个小组的课件都对其想要展示的内容做了整理。第二小组的展示尤为生动形象。比如，在展示豆腐乳的制作环节时，能合理使用"超链接""动画"等特效，使本组的展示更加生动。多媒体技术的利用使劳动教育课程成果的展示更为便利。

2. 运用网络检索信息

学生在劳动教育课程中都使用了网络来查阅文献和资料，以及时解决在课

程中遇到的问题。第一组通过查阅黄豆、豆浆、豆腐、豆腐乳的蛋白质含量和消化率，得知豆腐乳具有极高的营养价值；通过在网络查阅文献，得知豆腐乳具有悠久的历史，蕴含着劳动人民的智慧。第二组通过网络搜索得知豆腐乳的传统和现代制作方法。第三组通过查阅资料，了解了豆腐乳发酵过程中的微观结构。第四组通过在网络查找相关图片，对豆腐乳进行创新推广。

3. Word、Excel 编辑与处理

每个小组都使用 Word、Excel 对其研究内容进行编辑、排版，使研究成果更加严谨、美观，具有说服力。第一组制作了表格，分析各食物的蛋白质含量和市场价格。第二组通过制作表格比较了豆腐乳的传统工艺制作和现代制作工艺的区别。第三组制作了感官评价表格、折线图以观察适宜豆腐乳制作的温度、湿度、光照等条件，并绘制饼图，分析豆腐乳配料占比，研究其作用。

（二）创客教育、机器人教育——为劳动教育课程助力

劳动是创造的基础。学校开设了 Python 编程课程、Scratch 编程课程以及机器人课程，参与本次劳动课的学生大部分也学习了这些课程。学生将他们在编程课程学到的知识和技能运用于本次劳动教育课程，厘清豆腐乳的制作流程，对制作豆腐乳的影响因素进行研究。机器人课程提高了学生的动手能力、创新能力，让他们在这次劳动教育课程中成功制作了三种不同口味的豆腐乳。

（三）信息素养——为劳动教育课程赋能

学界相关研究指出，信息素养是具有确定、评价和利用信息的能力，它包括信息意识、信息知识、信息能力和信息道德。在本次劳动教育课程中，学生的信息素养体现在研究过程的各个细节上。比如，有意识地通过网络查阅有关资料，并有选择地使用资料；能够在比较权威的网站查阅文献；制作研究报告、演示文稿，具有数据分类与分析的能力；可以识别不可信、不安全的信息。

五、结论和建议

在本次劳动教育课程中，师生在劳动教育课程中积极应用相关信息技术，能高效解决问题。当然，在个别方面学生对信息技术的应用还存在不足。本文就此提出如下三个建议。

（一）巧妙利用 Excel 制作图表

通过 Excel 表格可以更加合理有效地分析相关数据，如柱形图可以对数据

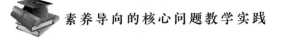

差异做直观的展示，饼状图可以更加明了地揭示数据的占比，折线图则能展示数据的变化趋势。

（二）使用希沃授课助手软件

使用希沃授课助手将手机与电脑同屏，实现对 PPT 重点内容的勾画；同时，学生可使用直播功能进行成果展示。

（三）生成电子档案袋

电子档案袋主要存放学生搜集到的文字、图片及劳动成果，学生之间可以相互查看、学习和下载里面的内容。电子档案袋的使用，可以对整个劳动过程进行记录，动态展示每位学生的劳动行为、劳动感悟以及劳动成果。

新时代劳动教育课程的构建需要我们一起努力探索，积极探索运用信息技术创设劳动氛围的方法，在劳动过程中运用信息意识、计算思维、数字化学习方法解决问题。目前，信息技术发展水平远高于教育教学对其的利用程度，我们应以信息技术为辅导，在劳动教育课程中应用这些工具，更好地培养学生的劳动技能，提升学生的核心素养，培养研究型学生。

参考文献

[1] 宁本涛. 新时代中小学劳动教育重建的几点思考 [J]. 中国德育，2019 (4)：10−11.

[2] 丁世明，王华龙. 课程统整：新时代劳动教育的重要路径 [J]. 教育科学论坛，2020 (7)：40−43.

[3] 李政涛. 现代信息技术的"教育责任" [J]. 开放教育研究，2020 (2)：15−28.

[4] 江蓉. 浅析高等教育中信息技术课程与劳动教育的关系 [J]. 戏剧之家，2020 (6)：151.

[5] 林克松，熊晴. 走向跨界融合：新时代劳动教育课程建设的价值、认识与实践 [J]. 湖南师范大学教育科学学报，2020 (2)：63−69.

[6] 刁生富. 论信息素养及其培养 [J]. 自然辩证法研究，2002 (11)：77−80.

[7] 蒋继征. 略谈信息技术、劳动与技术、研究性学习课程融合尝试 [J]. 科学大众（科学教育），2012 (4)：46.

[8] 陈明明. 信息技术学科落实劳动教育的思考与实践——以算法与程序设计教学为例 [J]. 中国现代教育装备，2020 (12)：19−22.

[9] 林万龙，韦笑，刘佳. 借疫情之势加速信息技术与教育教学深度融合 [J]. 中国农业教育，2020 (2)：20−23.

第三篇

核心问题视角下的学科选修课研究

　　学科选修课程开发实施的目的是提供选择，满足学生学习的多样化需求，了解学科发展的方向，进而确定自己的兴趣爱好、职业倾向，为今后的专业选择做准备。在研究过程中，教师应在本学科课程核心素养的基础上突出有关研究素养的内容，特别关注各科核心素养中有关思想方法的内容。核心问题视角下的学科选修课具有学科性、情境性、活动性、研究性等特点。

科学安全锻炼

——常见运动伤害的处理与预防课教学设计

解浩东

一、设计意图

本课教授运动损伤处理的相关健康知识，使学生在发生常见运动损伤时，可以正确处理运动损伤，理解常见运动损伤发生的机理；最后学习预防相关的知识，从而降低运动伤害发生的风险，实现科学安全锻炼。

二、学情分析

（一）活动分析

1. 背景

（1）在"健康中国"以及体教融合大背景下，学校体育在发展新时代青少年体质健康中扮演着愈来愈重要的角色，中考体考的深化改革也旨在帮助学生掌握1~2项运动技能，最终促进学生养成持续锻炼的习惯，培养终身体育的意识。然而，无论是学生自主进行体育锻炼还是学校集中组织体育锻炼，均存在运动伤害的风险。大多数初中生面临运动伤害时束手无策甚至采取错误的处理方法，这会进一步加剧运动伤害。更有甚者，因为惧怕运动伤害而拒绝参加体育活动，而本课程开发的核心目的既在于帮助学生认识这些常见运动伤害，也在于使其学会正确处理常见的运动损伤，进一步学习预防运动伤害的方法。

（2）初三年级因面临中考体考压力，相较于其他年级学生而言，运动强度更大、运动持续时间更长，因此所面临的运动伤害风险更高，如果不提前预防，一旦发生运动伤害，严重者甚至无法参加中考体考，因此此课程的开发对于初三年级的学生意义更加重大。

2. 主旨

正确认识常见运动伤害的发生过程，并正确处理与应对，掌握预防运动伤害的方法。总体来讲，就是从运动实践中来，到运动实践中去，即参与运动，若发生运动损伤则应主动学习相关知识及处理方法，利用科学方法指导体育运动。

3. 结构

本课程研究课题和研究主题均来自运动实践，学生在研究性学习过程中，从常见运动伤害的表征入手，围绕运动伤害发生的机理，展开处理与预防方法学习。学生通过研究性学习，可将运动伤害的表征、机理、处理和预防建立很好的关联。

4. 拓展

（1）运动伤害不仅发生在学校体育活动中，也发生于校外的闲暇时间。本课程的开发，可帮助学生适应不同运动场景下的运动伤害处理，对自身、他人而言都具有重要的实践意义。

（2）运动实践中，常会面临各种各样的运动伤害，然而其背后并不是无矩可循，本课程选取运动损伤与运动性病症的典型课题，通过研究性学习，帮助学生正确认识运动伤害的过程，从表征入手，围绕核心机理，归纳出运动伤害的预防和处理的方法。

体育学科选修课"常见运动伤害的处理和预防"共五次课，在前四次课程期间，学生已经完成提出问题、解决问题和反思提升环节。第一次课是课程的提出问题环节，通过教师导入、学生讨论，并结合课前收集资料，提出本课程的核心问题，组建课题小组；第二、三次课是课程的解决问题环节，小组围绕核心问题，根据课题去搜集信息、制订方案、实施研究；第四次课是课程的反思提升环节，通过资料整理、反思研讨、撰写成果等形式进一步对研究成果进行梳理与汇总，完善研究成果；第五次课即本次课，是课程的评价反馈环节，教学目标在于使学生能够建立运动伤害表征、发生机理、处理、预防之间的关联，归纳本系列课程研究成果，梳理面对运动伤害时的处理思路，促进学生学科知识的增长、学科素养的提升、学科思维的培养。

本课程属于学科选修课程，着重培养学生把知识从理论转化为实践的能力。本课程所研究的主题皆为学生日常生活中常见的运动伤害，大部分听起来也不觉得陌生，然而在运动实践过程中，当学生面临运动伤害时，常常不知所措，甚至害怕。其实常见的运动损伤及运动性病症并不可怕，比如常见的运动性病症为身体应激反应，导致病症的因素包括准备活动不充分、缺乏运动等。但在实际的运动实践中，大多数学生对于准备活动的认识却往往并不充分；当运动损伤发生时，很多学生不能正确处理，甚至用错误的方法去处理，反而加重运动损伤，以上运动伤害的发生归根结底在于对运动伤害发生的机理认识不充分。本课程从认识事物的本质出发，沿着发现问题、认识问题、解决问题、实践应用的主线，结合实际情况，使学生充分认识常见运动损伤及运动性病症。

（二）学生分析

进入初中后，学生的体育活动相较于小学段而言，内容更加丰富，自主支配的时间更多，且由趣味性为主转变为强身健体为主。经过两年的初中生活，在新中考体考的助力下，学校体育课的教学形式也发生了变化，着重培养学生的运动技能。经两年的学习，初三学生已基本掌握一两项运动技能，能够进行基本的体育活动。然而无论是在学习运动技能的过程中还是课外自主参加体育活动时，学生或多或少会经历不同程度的运动伤害，小到运动中的腹痛，大到扭伤甚至骨折。他们面临运动伤害往往无法做出正确的应对，因此迫切需要掌握相关知识。运动伤害的发生涉及包含解剖学、生理学、生物力学、运动医学、生物化学在内的多学科知识，因此对运动伤害相关知识的学习，不仅限于体育，也不仅限于处理，它具有更深层次的意义。通过本课程的学习，学生可以对常见运动伤害拥有全面的认识与理解，这样学生在面临现实情况时，才能真正举一反三；本课程的开发过程也可提升学生的思维能力，使其掌握阅读资料、发现问题、提出研究方法、收集数据、解决问题的基本程序。学生在课程开发中，通过合理分工，彼此交流与合作，共同完成本小组的课题，这一过程增进了同伴关系，提升了学生的合作水平和主观幸福感。

（三）资源分析

资源选用清单			
物质资源清单		人力资源清单	
医疗箱	供学生在运动伤害模拟情境下，现场处理运动伤害	校医	为课程开发提供理论与实践指导
骨骼模型	更充分地认识与理解运动损伤的机理		

媒体选用清单					
媒体名称	选用意图	微能力点	媒体名称	选用意图	微能力点
PPT	汇报各小组研究结果，围绕运动损伤的发生机理、因素、征象、处理、预防等展开	A3	黑板	板书核心问题与教学思路、归纳提升要点等	
多媒体教室	进行汇报与运动伤害情境模拟	C1			

（四）教学目标分析

1. 结果性目标

初中三年级学生能对常见的运动伤害做出判断，并可以正确处理和预防，理解运动伤害各因素间的关系。

2. 体验性目标

查阅文献资料、调查、访谈，探究运动伤害的处理和预防，体验运动情境与常见运动伤害之间的关联；体验表征、机理、处理和预防之间的关联；体验自我与他人之间的关联。

三、教学过程

（一）教学环节

教学环节	学生活动	教师活动	设计意图
课程回顾（约4分钟）	回顾前期学习和研究；进入本课情境，提出核心问题	1. 回顾与梳理前期研究内容，引导学生的研究思维；2. 提出本节课核心问题	让学生带着问题进入接下来的研究性学习

教学环节	学生活动	教师活动	设计意图
小组展示 （约28分钟）	各小组展示本组研究成果，分别阐释本小组的重点课题以及次重点课题，围绕常见运动伤害发生的表征、机理、处理、误区及预防展开。总共两个小组，第一小组预计16分钟，第二小组预计12分钟。 在展示现场处理的过程中，需要一边展示，一边讲解每一处理步骤的重点。 对汇报内容做出小结。 展示研究作品	1. 将本次课的各个部分进行良好的衔接，引导学生积极参与其中； 2. 将各小组的汇报重点进行提炼与板书，辅助同学们进行总结； 3. 适时地给予学生提示与帮助，使汇报成果更加完整； 4. 不断激发学生思维，发现新的问题	研究性学习为联系理论与实践的纽带，让学生通过不断的学习、反思、实践，从而真正理解研究性学习的过程
自评互评 （约6分钟）	评价各组汇报成果 组内集体性自评（总结小组的优点与缺点，然后派一名成员进行发言） 组间互评（小组间点评、答疑）	1. 组织学生评价； 2. 带领学生凝炼本系列课程所学到的知识； 3. 梳理整个研究的流程、思路	检验课程的结果性目标、体验性目标、体育核心素养目标是否实现
总结提升	畅谈在课程中的收获；总结在研究性学习过程中，学到了哪些研究方法		

（二）评价预设

问题解决环节：小组内成员分工，研究思路与解决方案是否合理与明确，汇报与展示研究成果的过程是否流畅。

归纳提升环节：对于本小组的研究是否可以做出正确的评价，通过本次研究是否能自己总结出研究思路。

（三）板书设计

常见运动伤害的处理与预防

核心问题：调研校园运动伤害及处理现状，多途径研习相关知识，探究常见运动伤害的处理和预防措施，撰写研究性论文。

小组汇报展示研究成果。

项目 组别	主题名称	研究流程	研究路径
第一小组（踝关节扭伤）			
第二小组（运动性头晕）			

（四）教学流程图

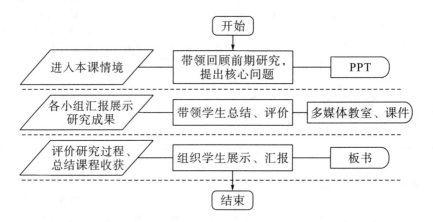

四、教后评价设计

（一）自我评价

在本节课中，学生系统、生动、全面地汇报了研习成果，课堂各个环节紧密结合，汇报内容由浅入深、逐次深入，并有现场处理过程，代入感极强，使在场所有的师生都能沉浸其中。不足之处在于，课堂中个别细节仍需要进一步优化，后续的研究还需进一步深化。

（二）教学反思

本系列课程紧紧围绕我校两校区校本教研关于学科选修课的四性进行选题与开展，在开展过程中，注重学生的实践参与，让学生在一定的情境中深度体验知识，建立学科知识与实践的关联，着重培养学生将知识应用于实践的能力。在研究、现场处理体验中，建立表征、机理、处理、预防之间的关联，在小组研究合作中，建立自身与他人之间的关联。总体来讲，本选修课本着健康第一的宗旨，以校园常见运动伤害为研究主题，从运动伤害表征入手，使学生深入研究常见运动伤害发生的机理，并寻求专业医护人员的指导，学习现场处理方法，通过课后的不断演练实践，真正学会常见运动伤害的处理方法，最后提出预防措施。在交流、汇报过程中，小组成员以生动、形象的汇报将本组研究成果展示出来，基本达到了教师对课程的预期。

通过木系列体育学科选修课的开发，笔者对学科选修课这一门课程有了更进一步的认识。好的学科选修课不仅应体现学科性、情境性、活动性、研究性，更应该体现它实践的应用价值，真正让学生受益。作为一门特殊的课程，体育与健康学科选修课还应本着健康第一的理念，培养学生的健康理念、健康行为。

本系列学科选修课取得了初步的成果，对参与课程研发的同学而言，他们对运动伤害的相关知识有了更深刻的理解，是本系列课程的第一受益群体。课程研发至此，解决了我们目前已发现的问题，而后续的研究应面向校园内更大的学生群体，使他们受益。除此以外，我们会继续加大本系列课程的开发，使课程能更加深入学生群体，在日后的健康教育课程中融入更多具体的、操作性强的健康教育课程。

学史崇德，铸魂育人

——以"百年党史"历史剧的开发与推广为例

李柏增

摘　要：本文介绍了以"百年党史"历史剧为主题的初中历史课程开发与实施方略，突出学科育人功能。文章分析了展示课的"四性"（情境性、活动性、研究性和学科性），并强调了学科育人的重要性。同时，文章探讨了历史学科核心素养的培养，包括唯物史观、时空观念、史料实证、历史解释和家国情怀。最后，文章提出了关于课堂评价和课程成果固化的反思，强调了形成性评价和全面发展的重要性。

关键词：学科育人；核心素养；课程成果固化

从播下火种的小小红船，到领航复兴的巍巍巨轮，一百多年来，党领导人民取得了举世瞩目的辉煌成就，书写了波澜壮阔的历史画卷。为从百年党史中汲取奋进力量，笔者所在的川大附中初中部历史教研组以中国共产党建党 100 周年为主题开发并实施了"致敬百年党史，传承红色基因——初中历史剧开发与推广"的学科选修课程。

作为执教教师，回想课程的开发与实施经过，学生的稚嫩与拼劲、听说要写小论文时的"小兴奋"、绘制百年党史思维导图受挫时的"不服气"、修改和排练剧本阶段师生间的相互"叨扰"、展示课上的"紧张"与"从容"……这些画面再次浮现在脑海。

一、评析展示课的四性

"高学科素养，深校本融入。"展示课上，学科选修课的"四性"，即情境性、活动性、研究性和学科性得到了集中彰显。学生研究、演绎党史，将党史教育深度融入课程开发实施中，创设课程情境，基于史实的场景与背景音乐设置，也体现了课程的情境性。基于核心问题，绘制百年党史思维导图、确立主题、撰写并排练剧本、汇报并演绎历史剧，层层深入的活动彰显了课程的活动性。深入研究党史，开发历史剧，运用了考据法、归纳法、联系与比较法、口述史学法、跨学科史学法等历史学科思维方法，彰显了课程的研究性。"四性"中最突出的是学科性，学科育人功能得到了充分发挥。接下来，笔者将结合展示课上的学生表现重点评析本堂历史课如何发挥其学科育人功能。

（一）植根百年党史，创设育人情境

党史是最生动、最有说服力的教科书，蕴含着共产党人艰苦奋斗的革命精神，展现了革命先辈的爱国情感，是实现立德树人的重要内容。课堂上三个小组分别以李大钊、小岗村和钱学森为研究对象，立足史实，创作出《国博0001号》《生死契约》《赤子》三部历史剧并成功演绎。"李大钊组"让我们了解到李大钊作为中国共产党党员的责任与担当，他播撒的革命种子已经在中国大地上生根、开花、结果，在中国共产党领导下，中国人民站起来了；"小岗村组"的演绎告诉我们，改革开放是我们党的一次伟大觉醒，这个伟大觉醒孕育了我们党从理论到实践的伟大创造，带领中国人民富起来；"钱学森组"告诉我们，一百年继往开来，从神舟一号起飞到神舟十三号成功发射，中国共产党带领中国人民实现了"可上九天揽月"的愿望，带领中华民族强起来。一百多年来，中国共产党紧紧团结和依靠人民，带领中国人民实现了从站起来、富起来到强起来的伟大飞跃。通过开发实施"致敬百年党史，传承红色基因——初中历史剧开发与推广"这一历史选修课，学生们能够更了解党，也能更加爱党爱国。在撰写参研感受时，学生提到"党的强大与艰辛，已铭记于心中，我需时刻跟随党的步伐，建设更伟大的中国"。

（二）核心素养落地，彰显学科育人

学史增信、学史崇德。展示课上，历史学科核心素养的落地，有力彰显了学科育人的魅力。历史学科核心素养包括"唯物史观""时空观念""史料实证""历史解释""家国情怀"。展示课上，时空观念无处不在。三个小组的演绎主题"站起来""富起来""强起来"将每一幕串联起来，每一个场景都备注事件发生的具体时间、地点和人物，还原历史场景，培养时空观念。参研学生通过参观中国共产党历史展览馆（数字展厅）等，了解了中国共产党"百年党史"，培养了唯物史观核心素养和史料实证核心素养。在撰写和完善历史剧剧本、排练和打磨历史剧的过程中，培养了史料实证核心素养、历史解释核心素养和家国情怀核心素养。在五大核心素养的培养中，家国情怀素养非常突出。在畅谈参研感受时，有学生提道："最初排练时，大家总是笑场。但在深入了解李大钊的革命事迹、剖析李大钊的人物性格、代入当时的时代背景后，大家都不笑场了。""这次课程的开发让我更加了解中国共产党领导中国走向富强的艰辛历程，也让我更爱我们的党，更爱我们的国家。"可以看出，学生已然感受到他们身为强国一代的历史使命，相信学生一定会努力成为堪当民族复兴重任的时代新人。

（三）培养学科思维，彰显学科育人

学史明理，学史力行。课程开发实施过程中，学生综合运用考据法、归纳法、联系与比较、口述史学法、跨学科史学法等历史学科思维方法，在培养自身研究素养的同时，提升了学科思维能力。从纵向联系看，三个小组依据时间发展，演绎了中国共产党带领中国人民实现了"站起来""富起来""强起来"的转变；从横向联系看，参研学生创作"致敬百年党史，传承红色基因"历史剧剧本，演绎并推广这个历史剧，从中体验到中国共产党与中华民族伟大复兴之间的关联、体验到个人命运与党和国家发展之间的关联。又比如，本次课将历史学科和思政学科有机融合，以史鉴今，资政育人，让红色资源成为铸魂育人的活教材，在"五育并举"下，转变育人模式，从学科教学走向学科育人，立足培养社会主义建设者和接班人，以实现立德树人的根本任务。在反思提升环节，学生能总结历史剧开发与实施的路径和注意事项，表明课程开发实施过程中，在历史学科思维方法的指导下，学生的历史学科核心素养不仅得到了提升，还培养了分析、综合、评价、创造等高阶思维，彰显了历史学科的育人价值。

二、展示课的课后反思和成果固化

（一）关注课堂评价

教学时应加强课堂评价，落实核心问题教学评价的反馈。在教学设计阶段，笔者在反思提升环节预设了学生自评、互评，引导学生从"研""真""彩"三个方面进行点评，但评价方式还有待提升。在课程开发过程中，我们应建构多主体评价、多元化评价、体验性评价等评价方式，关注学生综合能力和核心素养的提升，充分发挥评价的育人功能，以促进学生多元发展。同时，关注形成性评价，淡化甄别和选拔。评价不应仅关注结果，更应该关注过程，不仅关注学生知识技能的习得，同时注重情感态度与价值观的形成，真正做到关爱每一位学生的成长，对每一位学生的发展负责。

（二）固化课程成果

笔者沉浸于课程开发中，满足于与学生的共同成长，学生的全情投入让人感动，催人奋进。但笔者深知，目前只完成了课程开发与推广的一小步，课程成果还需进一步总结、完善和固化。展示课后，我们整理了课程的成果，如百年党史思维导图、上课时的外部布景、历史剧剧本、历史剧录像和学生的感受。在学校大力支持下，我们对课程进行了推广，如撰写了课程开发推文，并已推送到学校的微信公众号上；"李大钊组"创作的《国博 0001 号》在学校升旗仪式过程中进行了展演；"小岗村组"创作的《生死契约》荣获四川省第十七届校园影视教育成果展示交流一等奖。我心向党，强国有我。希望通过我们的不断推广，有更多的小伙伴看到我们的作品，加入我们的队伍，为实现中华民族伟大复兴贡献力量。

纵研百年党史，彰显育人本质

——浅谈公开课"致敬百年党史，传承红色基因"

屈　敏

摘　要：风云百年之间，中国共产党团结带领中国人民奋斗、进取、创造，在中国共产党成立100周年之际，川大附中历史组结合学校校本研究课程，带领学生纵研百年党史，用历史剧致敬历史伟人，弘扬光荣传统，传承建党精神，在浓厚的学科研究氛围中培育新时代的强国少年。

关键词：历史剧；学科育人；研究育人

2021年11月，笔者所在的川大附中初中部历史组李柏增老师围绕校本教研专题，结合历史学科特色，在建党100周年之际，设计了名为"致敬百年党史，传承红色基因"的历史剧演绎与汇报课。11月25日，李老师带领参与的学生向全校教师展示了第五次课的精彩内容。课堂上，李老师紧紧围绕课程的核心问题"演绎历史剧，汇报初中历史剧的开发过程，畅谈参研感受"进行展示。第一组根据革命先驱李大钊的生平经历创编了历史剧《国博0001号》；第二组以小岗村从贫困到富裕起来的历程为主要内容编写了历史剧《生死契约》；第三组根据两弹元勋钱学森冲破重重阻挠、毅然回国指导新中国核工业和航天科技发展的历史内容精编了历史剧《赤子》。

一、纵研历史，展示学科育人

本节历史剧展演课虽然只有四十分钟，但每一分钟的背后都融合了专业的历史学科知识。从李老师的选题来看，百年党史，内容庞大，学生的日常生活与党史也有距离，因而确定什么样的教学内容，选择什么样的教学材料，从什么角度培养学生的历史学科素养都需要教师慎重筛选、精准定位、精细落实。从学生角度而言，首先他们需要认真学习百年之间我党所经历的重大历史事件、作出的重大历史决议、产生的重要历史影响等，这是一项非常庞大的学习任务。在深入地学习之后，学生还需要对党史知识进行梳理，思考选择历史剧脚本的缘由，这更考验大家的综合学习能力。学生从纷杂的内容中，选取了中国共产党在百年发展期间极具代表性的事件和人物来进行演绎。第一组选取了新民主主义革命时期的革命先驱李大钊的事迹，通过历史剧展现了中国共产党成立初期革命先辈为国献身的大无畏精神；第二组选取了拉开中国改革开放序幕的重大事件小岗村大包干；第三组则选取了在新中国建设过程中起着重要作用的钱学森先生无私奉献的故事。在整个前期的学习中，学生第一次如此深入地学习党史。经过深思熟虑的历史剧选题，也在潜移默化中滋养了学生的历史学科素养。正如扮演李大钊的学生在课后分享时所说："在这次课程以前，李大钊先生在我印象中只是书上的一幅插图，但这次课后，我心中的李大钊先生是一位鲜活的革命家，他充满激情的演讲、慷慨就义的行为、为革命事业无惧身死的硬气，就连他的八字胡都是正气的化身，他是我们中国的脊梁。"

二、考证历史，突出研究育人

历史本就是一门客观、严谨的学科，不论以何种形式创编历史剧，首要的前提都是尊重历史学科的基本性质。因此，李老师在第二次课时带领学生分析所收集到的资料，并绘制出百年党史的思维导图。这一过程需要学生做到细致、严谨，通过查阅多方权威资料敲定基本史实，确保历史剧本的科学性，同时对模糊性资料则需要更加充分地筛选、对比、研究。如第一组在写出剧本的第一稿时，发现了两处史实错误：第一处为执行李大钊绞刑的人是军阀张作霖而不是国民党，但是最初的剧木台词中却写的是国民党；第二处是将张作霖的名字误作张作林。第一处错误被发现，充分地证明了该组学生研究历史资料的严肃态度，第二处错误被发现又证明了学生对史实表述细节的严谨认知。更值得称赞的是，学生发现错误后展现出的研究态度和研究行为。他们通过查阅"共产党员网""央视网"等权威网站，对错误进行了修改，确保了历史剧展演内容的客观真实。在商榷第二稿时，学生又发现历史背景被模糊处理，于是又开始查阅权威的网站和书籍资料，明确了这一特殊历史事件的具体时间。这些订正错误或优化剧本的行为，既显示了学生对历史资料的辩证态度，也显示出他们对历史的尊重。

三、深耕历史，创设情境育人

在历史剧演绎课程中，学生再现历史事件，体验在特定历史背景下人物的活动，感受历史的风云变迁，进而最大限度地获得一种真切的历史体验。在整个课程开发过程中，李老师带领学生研究党史，绘制思维导图，深入了解这一百年中的历史人物、历史事件和重大会议，明确了百年党史的四个发展阶段。在这一了解史实的情境中，学生系统学习党史知识，激发了他们演绎历史的浓烈兴趣，推动了历史剧本的撰写工作。在第三次课中，学生不断地修改剧本、完善剧本，解决了剧本中出现的错误。经过近七次的修改后，一个较为完善的剧本终于能尝试排练。而在这一创编情境中，学生发现问题、分析问题和解决问题的能力也得到了提高。特别是在第五节课的展示中，学生深情地演绎着自己的角色，将听课的教师瞬间带回那一段段特殊的岁月中，身临其境地参与到那些重大的历史事件中，进而深刻地感受到历史人物的精神气质。同时，为营造特殊的历史情境，三个小组的历史剧从演员台词的设计、舞台的布置、道具的使用、演出服装的选择都别具匠心。整个历史剧的开发和演绎都是在研究性的学习情境中展开的，更可贵的是，学生还结合了历史剧的特点，用他们的智慧为听课的师生们创设了独特的视听情境，这是一个由学到用的突破过程，更是高阶思维能力的提升过程。

四、演绎历史，突显活动育人

回顾本次历史剧课程的开发和汇报过程，学生经过了独自学习历史知识、共同梳理历史发展脉络、群策完善剧本、群体排练、集中展示等环节。在这一过程中，各个环节步步递进，层层深入，既蕴含了教师把握大局的引领智慧，还体现了学生作为个体、部分、群体的卓越智慧。每一次活动都促进了学生对历史知识、历史人物、历史事件的深度认识，提高了学生的历史学科素养。李大钊的大义凛然，小岗村村民决心改革的魄力，钱学森必须回国建设新中国的信仰，每一帧的活动画面都展现了中国共产党人的卓越风范和中国共产党建设新中国的卓然成就。同时，学生在历史剧展演的活动中，用最真诚的表演，演绎着最动人的情境，致敬最崇高的历史人物。通过这次历史剧活动，学生真正走进了我党这一百年艰苦奋斗的岁月，真切地明白作为一名学生，怎样的言行才是真正的"我心向党，强国有我"。

综上所述，这次"致敬百年党史，传承红色基因"校本选修课紧扣学校校本教研的主题，在完整的课程开发和汇报中，突显出了历史学科的学科特质和独特魅力。在每一次课中，培养了学生的思维能力和历史学科素养，处处彰显着校本课程的学科性、研究性、情境性、活动性，实践了学校课程育人的基本理念。

培养学生研究素养的教学实践

——以航天教育之水火箭的探究与改进课为例

方　玥

摘　要："学会研究"指的是学生在价值取向、思维、行为上，会把研究作为自己全面而有个性发展的重要基础，作为认识世界、改造世界的重要途径。研究素养是川大附中学生发展核心素养的重要组成部分。

关键词：研究素养；实践能力

本文探讨的是航天教育之水火箭的探究与改进课程的第五次课。前四次的课程内容分别是：第一次课明确课程任务，组建课程小组，是课程的提出问题环节；第二次课梳理中国航天发展史，探究水火箭升空原理，制作水火箭；第三次课设计水火箭的探究与改进方案；第四次课进行水火箭的探究与改进，是课程的解决问题环节。

在第五次课中，学生汇报并总结中国航天发展史，并展示课程实践过程：围绕"水火箭的探究与改进"进行反复实践，最终成功完成"水火箭高度影响因素的探究"和"回收水火箭改进措施的探究"。从课程性质来看，这是一堂"研究素养"要素贯穿始终的研究性课堂。学生能在充满研究氛围的课堂中，在教师的指导下运用"探索与研究"的方式进行自主学习，主体性、探究性、创生性是课程最突出的特点，质疑、解疑是研究性课堂的逻辑起点。

"学会研究"是指学生在价值取向、思维、行为上，会把研究作为自己全面而有个性发展的重要基础，将其作为认识世界、改造世界的重要途径。研究素养应成为川大附中初中部学生核心素养的重要组成部分。

从研究素养框架表（表1）中可以看出，该堂选修课紧紧围绕着研究素养的培养与提升展开。

表1　研究素养框架表

组成部分	内涵
自我研究	有研究自己的理想、心理、生活、学习、思维、性格、身体和生涯等的兴趣与常识
社会责任感	有发现和研究解决实际问题的社会责任感
研究精神	有敢于质疑、勇于探索、善于合作的研究精神
实践能力	有发现问题、提出问题、获取信息、解决问题、结果表达与检验、评价反馈和推广运用的实践能力

一、转向"元研究"的探索

在众多研究中，研究者更多关注的是外在的研究对象，而对自身的理想、心理、生活、学习、思维、性格、身体和生涯等内容较少关注。"元研究"是对研究者自身的一种研究。

"水火箭"是本节选修课的研究点，所谓研究点，是指教学目标、学生兴趣和社会热点的交叉点和融合点。学生兴趣是引导学生进入课程并促进学生学好相关知识的一种情感态度和情绪动力，是学生个性发展的关键点，这与选修课的可选择性相契合。兴趣点的探索和明确源于学生对自我的关注、剖析和研究，这可以归为元研究的范畴。第一次课"明确课程，组建课程小组"的任务，是对学生自我研究最大的考验，教师应当帮助学生从多个方面认识和研究自我，避免学生出现"手足无措"的情况，产生学习的畏难情绪。

二、立足科学研究精神的浸润

科学研究需要研究者具有严密的科学思维和严谨负责的科学精神。在探究水火箭高度的影响因素时，第二小组的同学假定了三大影响因素：气压、水火箭重量、水量。他们进行了多因素实验，准确记录三个自变量，仔细观察因变量，严格控制无关变量。另外，在观察因变量飞行高度时，学生从不同的角度提出解决方案，实验后择其最优，即以建筑物为参照，根据比例尺计算飞行高度。

这一过程属于研究方法中典型的多因素实验，对任何一个变量的考虑、控制、记录，都需要研究者具有严密的科学思维和严肃、勇于探索、善于探索的研究态度，这样才能有效提高研究的内部效度。

多因素实验最突出的特点就是"多"，多个影响因素、多个数据记录、多个实验操作。因此，合作和高效在多因素实验中是必不可少的。为了有效探究飞行高度和三大自变量之间有无关系以及是何关系，第二组三位同学各负责研究一个自变量，一个中午进行了 20 多次实验，最终高效率地完成了多因素探究的任务。善于合作与分工是科学研究中的一个重要能力，也是学生社会生活和工作的必备能力。总的来说，从第二组的研究内容和研究过程来看，教师为学生创造了一个勇于研究的氛围，学生既能自主参与研究又能在分工和合作的研究环境中高效完成实验，这使学生的研究精神得到了培养。

三、强调研究实践能力的重组

第三小组的研究任务是改进水火箭。该任务从发现水火箭下落时的危险性出发，提出改进水火箭下落方式的假想，设计可回收水火箭下落方案，收集不同方案下水火箭是否成功开伞的相关图片资料和数据资料，并分析得出"箭头和箭身的质量差、逆风板材质、降落伞材料、伞线材质"等因素都不同程度地影响着水火箭是否能安全降落。经过反复的试验和改进，学生改进结论并形成了纸质报告，同时也口头汇报了整个研究过程。第三组的整个研究过程完全契合科学研究的一般过程，即发现问题、提出问题、设计实验方案、收集数据和信息、分析数据和信息、得出结论、汇报成果（表2）。

表 2 可回收水火箭研究步骤

可回收水火箭研究步骤	
发现问题	发现水火箭下落时的危险性
提出问题	改进水火箭下落方式
设计实验方案	设计可回收水火箭下落方案
收集数据和信息	收集不同方案下水火箭是否成功开伞的相关图片资料和数据资料
分析数据和信息	明确箭头和箭身的质量差、逆风板材质、降落伞材料、伞线材质等都不同程度影响了水火箭的降落

改进水火箭的研究为学生研究实践能力的提升创造了真实的研究情境和试验环境，实现了从理论性的陈述向真实场景中的实践的转变，将对学生研究素养的培养落到了实处。

四、关注学生社会责任感的建构

学生的社会责任感是指他们对自身、社会、国家和民族的认同与尊重，不仅关系着学生的归属感和国家民族荣誉感，还关系着学生自身的成熟和完善。

作为新时代的学生，除了学会领悟学科专业知识外，还要善于、勇于将所学知识应用于社会实践中，将其转化为有益于社会和国家发展的应用性知识。本课基于我国航天技术的发展历程，引导学生从中体悟火箭发射对中国航天事业的意义以及对中国国力的重大影响，使学生由此生发出与之相关的社会责任感和使命感。

在课程汇报中，第一小组汇报的中国航天发展史的有关内容与课程提升环节教师谈到的"我国航天事业的进步发展离不开研究者锲而不舍和一心为国的奉献精神"是一脉相承的，即共同致力于对学生社会责任感的培养。在初中阶段形成的社会责任感能够帮助学生习得发现和研究解决社会生活实际问题的能力，进而使他们成为有责任感的公民，落实培养社会主义接班人和建设者的育人目标。

五、建议

（一）正确处理研究素养间的关系

研究素养作为川大附中初中部学生发展核心素养必备的重要组成部分，教师除了关注四大方面的纵向发展，还应当处理好四部分间的关系（图1）。研究精神是一种敢于质疑、勇于探索、善于合作的精神，是指导研究者开展自我研究和形成社会责任感的前提和基础，在研究实践能力的支持下完成对内研究和对外研究。研究精神和实践能力相互促进发展，研究精神越坚定，研究实践能力建构得越完善；研究实践能力越高，研究精神层次就越高。研究素养的四大要素间相互制约，缺一不可。

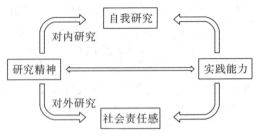

图1 研究素养要素间的关系

教师在进行研究性选修课的设计与实施时，要充分考虑到四者的关系。首先，对研究精神的培养要注重引导学生对内关注和对外研究，既要学会自我研究也要有社会责任感和使命感；其次，不能只关注研究实践能力的提升而忽略对研究精神的培养；最后，教师在课程设计与开发时，要先提高自身的研究素养，以身代教，在润物细无声中浸润学生。

（二）注重对学生进行过程性评价

课堂中，师生以视频的形式简单地展现了学生的具体表现，但究竟每一位、每一组学生的薄弱处、改进处、发展基点在何处，则呈现得较为模糊。研究素养的培养与提升是本节选修课将要达成的目标，而目标是否达成还需要通过评价的手段进行检验。因此，对整个研究过程的评价显得尤为重要。过程性评价从学生参与到该课程、对该课程研究点的认识开始，到学生能够通过纸质和口头的形式清晰、有条理地展示研究结果。过程性评价能够关注学生在整个课程的表现，是对学习过程、学习结果和相关非智力性因素的全面评价，这是一种动态的评价，是对学生是发展着的个体的一种观照。下文附"研究性学习评价量表"（表3），以期为该课程的过程性评价提供思路。

表 3　研究性学习评价量表

研究课题意义	1. 阐述选题具有可操作性。（10 分） 2. 阐述选题密切联系自身实际、社会热点。（10 分）
研究过程	1. 研究过程有详细的计划、方案和具体节点规划。（15 分） 2. 能够按照计划实施研究。（15 分） 3. 研究过程有数据、图片、文字等研究过程的记录。（10 分） 4. 每个成员都有详细的分工，有实际的收获。（5 分）
研究成果	1. 研究成果具有应用性或推广性。（15 分）
展示过程	1. 语言表达流程，仪态大方。（10 分） 2. 思路清晰，能够有条理地阐述整个研究过程。（10 分）

研究性学习评价量表从研究课题意义、研究过程、研究成果、展示过程四个方面出发对学生研究素养的培养与提升进行全面评价，能够回答学生对"水火箭探究与制作"的意义认识、学生在整个研究的参与度与参与感、对结果的认识等问题。甚至可以利用现代信息技术手段，形成学生研究素养的分析报告，引导学生及时调整学习、研究状态，个性化地指导学生，真正实现学生全面而又个性化的发展。

彰显研究性的学科选修课

——以航天教育之水火箭的探究与改进课为例

文秋月

摘　要：新课改提倡立德树人、"五育并举"，新课标提倡培养学生的核心素养。作为一线的教师，需要深入探索如何在课堂中落实立德树人的基本要求，培养学生的核心素养。笔者认为彰显学科选修课中的研究性就是立德树人的抓手，是培养核心素养的有效途径。本文以"水火箭的探究与改进"一课为例，从科学探究的基本流程和科学探究的基本方法两个方面来剖析将学科核心素养有效落地的路径。

关键词：研究性；核心素养；立德树人

2022 年 5 月，笔者有幸听了川大附中初中部物理组代老师的学科选修课"航天教育之水火箭的探究与改进"，这令笔者对学科选修课的开发以及课程"四性"有了更深的体会，对学科核心素养有效落地的基本路径有了方向，对学科选修课的研究性彰显有了更深的认识。核心素养不是空中楼阁，发现和培养学生的核心素养应该根植于我们的每一堂课、每一句话中。教师每节课都应该想着如何去提升学生的能力，培养学生的素养，训练学生的研究思维，而不仅仅局限于传授知识。

听完代老师的这节课，笔者最深的感受是：无论是教师还是学生，无论是课堂内还是课堂外，处处都渗透着学科选修课"四性"中的"研究性"，都在培养学生的家国情怀、社会责任感以及物理观念、科学探究等学科核心素养。本节课的研究性主要体现在以下几个方面。

一、科学探究的基本流程

本节课的科学探究流程非常清晰合理，主要体现在宏观和微观两个方面。三个小组的分工从宏观上体现了科学探究的基本流程。第一个小组是先遣组，主要通过参观四川科技馆和查阅文献资料，梳理了中国航天发展史，根据查阅的资料了解了水火箭的结构及其原理。这一个小组的工作其实就是进行科学探究之前的查阅文献部分，这是开展科学探究的起始环节，也是必不可少的一步。第二组是探究组，主要是探究水火箭的发射高度与什么因素有关，这是研究的中间环节，组内同学开始动手实践，提出问题并尝试解决问题。第三组是改进组，是对已有的研究进行改进，这其实是一个创新和推广的过程，也是科学探究最难的一个环节。本节课每个小组的分工体现了科学探究的查阅文献、着手探究、改进与创新这三个基本流程。

第二个小组的探究过程从微观上体现了科学探究的基本流程。小组经历了提出问题、猜想与假设、制订计划与设计实验、进行实验和收集数据、分析与论证、评估、交流与合作这七个步骤，很好地休现了一个完整的科学探究的基本流程，并且形成了螺旋上升的循环，应该说整个探究的流程是非常完美的。科学研究的基本流程一旦形成，就给学生提供了一种解决实际问题的思路，培养了学生解决实际问题的能力以及科学研究的基本素养，让学生在遇到其他实际问题时，也能进行迁移，尝试采用相同的流程去进行研究，从而解决问题。一堂具有研究性的学科选修课是在整个教学环节中都渗透着研究性的。

二、科学探究的基本方法

本节课主要用到了两种基本的探究方法，分别是控制变量法和实验数据的处理方法。

在探究水火箭的飞行高度与哪些因素有关时，学生猜想可能与气压、水量和箭体质量有关。这里涉及了三个变量，学生在进行探究时，先控制两个变量不变，再改变其中一个变量，这样就可以很容易明确这三个变量分别是如何影响水火箭的飞行高度的。这里的控制变量法是进行实验探究时最常用的一种方法。

此外，学生在如何测量水火箭高度时，选用了以建筑为参照物、利用气压高度计、比例尺法三种解决办法，最后采用了比例尺法测量水火箭的高度。这是学生对实验数据的处理方法的探究。这教会了学生如何处理数据和分析数据，并学会对探究方法进行甄别和选用。

这里用到的两种基本科学探究方法对学生后续的学习以及科学探究都有比较深远的影响，让学生的收获不仅仅局限于本节课，而是可以延伸到其他科学探究活动中去。

三、学科核心素养的有效落地

本节课的选题基于近几年中国航天事业的迅猛发展，这是一个非常好的问题情境，既关注了生活，又关注了时代，更关注了学生。让学生研究水火箭的探究与改进可以很好地激发学生的家国情怀和社会责任感，在学生心里播下一颗航天梦的种子。

在整个探究的过程中，学生真实地经历了研究过程的艰辛，一次次的尝试、一次次的失败、一次次的怀疑自己，正是这样的深度体验，让学生深刻明白中国航天事业发展的艰难，体会一代代航天人的无私奉献精神，进一步培养了学生的家国情怀、人文底蕴和社会责任感。

而在这一次次的失败之后，学生重新振作，克服重重困难，最终实现了对水火箭的改进和创新，可以培养学生敢于质疑、勇于探索、善于合作的研究精神，以及发现和解决问题、表达和检验结果、评价与推广的实践能力。

参观科技馆，了解航天科技知识，了解火箭升空的原理，可培养学生的学科核心素养。在探究改进水火箭的过程中，学生进行了模型的构建，科学的推理，科学的论证、质疑和创新，体现了物理学科的学科核心素养。整堂课的每一个环节都在力求培养学生的实践能力、科学思维、物理观念和探究精神，有效地实现了学科的育人功能，完成了立德树人的根本任务，也使得学科核心素养有效落地。

四、一点思考

2022年新颁布的新课标明确指出，要聚焦中国学生发展核心素养，培养学生适应未来发展的正确价值观、必备品格和关键能力，引导学生明确人生发展方向，成长为德、智、体、美、劳全面发展的社会主义建设者和接班人。本节课始终贯穿了新课标提出的五项基本原则，尤其是"聚焦核心素养，面向未来"这一原则，为我们提供了一个很好的蓝本。

授人以鱼不如授人以渔，让学生学会学习，学会探究，有效提升能力和核心素养，才是我们的教学应该追求的终极目标。不只是这节课如此，在我们的日常教学中，也应该紧紧围绕新课标中提出的新理念，结合本校校本化的育人目标"全面发展，学会研究"，既为学生的现在发展负责，更为学生的未来发展负责，使核心素养有效落地。

最后，笔者还有一点小小的思考。本节课能否在新的学生身上再次实践，或者使探究再进一步呢？学科选修课开发的具体流程又是什么呢？我们开发的学科选修课是否真的可以作为我校的校本化课程进行延续和推广呢？如何将本节课的育人价值发挥到最大，让更多的学生受益，笔者相信这是值得我们深思的问题。

参考文献

［1］辛涛，姜宇，林崇德，等. 论学生发展核心素养的内涵特征及框架定位［J］. 中国教育学刊，2016（6）：3－7＋28.

［2］施久铭. 核心素养：为了培养"全面发展的人"［J］. 人民教育，2014（10）：13－15.

［3］辛涛，姜宇，刘霞. 我国义务教育阶段学生核心素养模型的构建［J］. 北京师范大学学报（社会科学版），2013（1）：5－11.

［4］冯新瑞. 研究性学习在学科教学中应用的探讨［J］. 课程·教材·教法，2002（5）：11－15.

［5］张华. 论"综合实践活动"课程的本质［J］. 全球教育展望，2001（8）：10－18.

"五育并举"巧融合，深入研究展素养

——以航天教育之水火箭的探究与改进课为例

黄 茜

摘　要： "五育融合"是新时代背景下实现"五育并举"、贯彻党的教育方针和落实立德树人根本任务的基本途径，我校顺应时代教育发展，重点打造了航天教育之水火箭的探究与改进物理学科选修课程。本文基于学校前期构建"五育并举"研究性课程体系的理论成果，对该课程的学科性、研究性、活动性、情境性进行了深入探讨，并指出其存在的问题，提出了改进建议。

关键词： "五育并举"；课程构建；情境性教学

"五育"融合是新时代背景下实现"五育并举"、贯彻党的教育方针和落实立德树人根本任务的基本途径。2022年5月，笔者所在的川大附中初中部顺应时代教育发展，开展"五育并举"的研究性课程体系构建与实施再研究。5月12日，本校重点打造的物理学科选修课程"航天教育之水火箭的探究与改进"第五次课在本校德胜楼录播教室进行。课程以我国航天事业的发展为主题，通过指导学生开展航天发展史的调查、探究改进水火箭等方式，让学生了解我国航天事业的辉煌历程，学习与领会科学研究的过程和方法，并培养科学态度和科学精神。总的来看，该展示课新颖生动、内涵丰富，不管是学科选修课程开发的实施目的，还是课程标准的校本化，都有精彩绝佳的表现，特别是突出了课程的学科性、研究性、活动性、情境性，具有较大的研究价值，本文将从以下四个方面展开研究。

一、课程选题体现学科性

（一）与育人目标相结合，明确课程具体内容

为了让学生能有效融入生活实践与学习探究情境，必须围绕课程育人目标，着力开发有效的课程资源。本次课程围绕我校"立德树人，笃行两则"的育人目标，以制作水火箭为切入点，引导学生树立正确的世界观、人生观、价

值观，培养学生的科学研究精神。课程设置了先遣组、探究组、改进组三个小组，分别围绕了解中国航天发展史、明确水火箭结构及其原理、探究影响水火箭发射高度的因素、制作可回收水火箭四个方面展开，这些科学实践活动培养了学生的科学研究能力、科学研究精神和勇于探索、坚持不懈的坚韧品质。

（二）与劳动实践相结合，明确课程开展方式

在学科课程设计上，课程充分吸纳了学校前期劳动教育实践的成果，注重以初中学生掌握的劳动能力和能够获得的劳动资源为出发点，在此基础上指导学生学会使用劳动工具，开展科学研究，将原始劳动逐步发展为创造性的劳动。如第一步制作水火箭时，利用可乐瓶、塑料板以及美工刀、打气筒等随手可得的材料，主要培养学生的日常劳动能力。到第二步研究水火箭升空高度的时候，则增加了配重仓，使用了台秤、量杯等实验室工具，引导学生开展创新性劳动。到第三步加装降落伞时，学生就已经能够综合利用劳动工具，实现既定的回收火箭目标。整个学习活动培养了学生应用科学知识和科学研究方法的能力，符合物理学科的课程性质与课程目标。

（三）与科研方法相结合，明确课程实施细节

物理学科选修课程的一个鲜明的特点就是必须让学生通过学习逐步形成物理观念、科学思维、科学态度等。在研究"水火箭发射高度的影响因素"问题时，教师首先指导学生采用比例尺测量法，测量水火箭的上升高度；其次采用控制变量法，分别研究水火箭质量、水量、气压对上升高度的影响；最后在数据分析时，采用作图法，将有限的实验结果拓展为无限的物理规律。学生通过完成理论研究、科学设计、系列实验、数据分析、评估反思、总结规律这一系列的科学研究，对科学家开展科学研究有了一个初步的认识。

二、课程强调研究精神，凸显研究性

（一）聚焦问题分析，培养学生敢于质疑的精神

学习的过程其实就是发现问题和解决问题的过程。在学科课程的实施中，激发学生查阅与航天相关的知识的欲望。随着研究活动的不断深入，新问题不断涌现，从最简单的"如何让水火箭发射"到"如何发射得更高"再到"如何提高水火箭安全性"，推动学生不断深入探索，尝试运用各种方法优化设计与制作方案，提升水火箭性能。在组员讨论、交流的过程中，加深了每个学生对

当前问题的认识和理解。通过一系列的问题提出和解决，学生在逐个回答问题的过程中完成课程任务，养成独立思考、敢于质疑的习惯。

（二）加强动手实践，培养学生勇于探索的精神

作品制作类课程中往往存在诸多不可控的因素，需要学生逐一攻克。因此，在课程实施中，教师应当注重对学生的引导，鼓励学生不断地探索、试错，培养学生勇于探索的精神。例如，在探索"水火箭发射高度的影响因素"问题时，一共进行了39次实验，才得出最终结果。改进组从确认研究方向到第一次开伞成功，中间经历了一周多的时间。水火箭最开始一次次的试射都以失败告终。此时，老师指导学生使用科学的研究方法，鼓励学生调整心态，坦然面对试验失败，静心分析失败原因，并在"分析—设计—试射"的反复实践中逐步完善方案，形成了最终方案。

（三）注重团队合作，培养学生的合作精神

学校教育教学工作的目标之一，是要培养学生的合作能力，使之成长为具有团队精神、合作精神的21世纪创新型人才。在课程实施上，教师特别将学生分为先遣组、探究组、改进组，每组四个学生，明确每组的目标，让学生在具体的研究中探索分工合作的方式。譬如探究组，前后需要测量30多次。在前两次实验中，由于探索组的分工不是特别明确，各自的任务之间有交叉，花了四五个小时的时间，仅完成了10多次测量。后来，学生进行了深入反思，将整个实验分解细化，明确每个人的分工，最后仅用了2个小时的时间就完成了接近30次发射，获得了理想的实验效果。在实践中，学生亲身体会到团队协作的重要性。课程培养了学生协同奋进、攻坚克难的精神。

三、强化关联体验，具有活动性

物理选修学科课程实施时，需将学习物理规律与生产生活相关联，将传统单纯的接受性学习，改变为接受性与体验性相结合的学习。课程实施中，一是关注物理规律与社会发展之间的关联，开展调研活动。学生通过调研学习理论知识，在掌握物理知识和研究方法的同时，也体验到所学规律是从长期研究、不懈努力、不断修正中得来的，从而激发学生的学习兴趣、热情和克服困难的信心和决心。二是关注物理规律与其得出过程之间的关联。学生制作水火箭，分析、研究、实验影响水火箭升空高度的因素，总结得出规律，这些活动使学生不断加深对物理规律与物理现象之间的关联认识。三是关注物理规律与技术

应用之间的关系。在学生学习领会火箭升空的规律的基础上，进一步引导学生将相关知识应用于生活生产实践，实现水火箭的回收利用，从而让学生在应用中加深对物理与技术应用之间、物理与生产生活之间的关联体验。

四、注重课程与生活的联系，增强情境性

核心问题教学要求教学内容必须与真实的生活、社会、生产、科研情境相整合，能够促进学生融入生活实践情境和学习探索情境，充分发挥情境教育的育人功能。课程设计了水火箭发射和水火箭改进制作两个情景。一是复刻火箭发射全流程，体验科技研究情景。在发射水火箭时，参考火箭发射的流程，设计一套完整的流程，让学生更好地融入火箭发射的情景体验，从而对实际火箭发射步骤的规范性、科学性、安全性有深刻的体验。二是制作改进水火箭，让学生体验生产劳动情景。在水火箭的制作改进上，学生抛弃了网购现成零件组装的方法，直接选择可乐瓶、塑料板、垃圾袋等材料，根据自己掌握的理论知识，设计、制作、改进水火箭，充分发挥生产劳动情境对学生的教育功能。

五、问题与建议

本门课程的课堂呈现很好地展现了课程的学科性、研究性、活动性、情境性，践行了"五育融合"，实现了"五育并举"。但课堂板书设计还稍有不足，只展示了三个小组的探究目的与研究内容，没有课程运用的物理规律，也没有呈现出一个完整的物理建模过程。

建议教师完善板书内容，在板书上呈现火箭模型的物理建模示意图，并将其与学生的实践关联起来。

在研究型课程中培养研究型学生

——以航天教育之水火箭的探究与改进课为例

李　叶

摘　要："航天教育之水火箭的探究与改进"课程通过逐步深入的学生小组分工、探究活动中的分析与论证、伴随着质疑的探索与合作，全方位贯穿着物理学科核心素养的研究性，紧扣"五育并举"，既可提升学生的研究能力和综合素质，培养学生敢于质疑、勇于探索、善于合作的研究精神，又可在学生心里根植爱国主义情怀，充分体现物理学科的育人功能。

关键词：研究性；核心素养；"五育并举"；活动育人

2022年5月，笔者所在的川大附中初中部代亚秋老师围绕校本课程教研专题讲座内容，设计开发了物理学科选修课程。这堂课的课程名称是教师根据课程能够实现的环节和学生的实践过程最终拟定的——航天教育之水火箭的探究与改进。课程名称的确定过程就已经体现了"课中有人"的育人方式和科学研究的思维方式。

代亚秋老师面向全校师生展示了课程的第五次课，汇报水火箭的探究与改进过程，展示课程成果，畅谈研究感悟。

课上师生先进行了小组汇报展示。第一组是先遣组，主要负责提供理论支撑。学生参观了四川科技馆，查阅网络资料，梳理航天发展史，研究了水火箭和火箭的区别，对水火箭的主体结构和配件进行分析，为后面的实践探索提供理论支撑。第二组是探究组，通过实验探究影响水火箭发射高度的因素。学生首先进行了合理的猜想和假设，认为水火箭的发射高度与瓶内气压大小、水火箭体的质量和瓶内水量等因素有关，紧接着制订计划、设计实验，进行实验与搜集数据，对所记录的数据进行分析与论证，最后对整个探究过程进行了评估，反思了实验过程中的不足。第三组是改进组，这组学生主要是给水火箭加装降落伞，制作可回收水火箭。他们首先提出问题——降落伞放在哪里以及如何开伞？从这个问题出发，他们不断改进、试射，反复三次改装之后，最终形成了可回收水火箭的制作方案。但他们依然没有停止探究的步伐，在复盘探究资料的时候他们发现了新的研究点，并决定在之后的学习中持续进行探究。

三组学生通力协作，利用所学知识，通过科学的研究方法，圆满完成了相应的课堂任务。而本堂课也充分体现了课程的"四性"。其一，这堂课是对初中物理中非常重要的力学知识的讲授，教师让学生通过实验探究体会到了"力的作用是相互的"这一物理知识，使课程的学科性得到了充分体现。其二，这个课程建立在近几年我国航空航天事业迅猛发展这一现实基础上，极大地提升了学生学习航空航天内容的兴趣，使课程的情境性体现得很好。其三，在整个课程推进中，都是学生自己查阅资料、制订方案，动手制作水火箭模型，不断进行发射实验，进行实验数据的记录和分析评估，课程的活动性也得到了充分的体现。

学科选修课程"四性"之研究性，则是这堂课的亮点。学生的研究性学习在整个汇报过程中得到了充分的体现。

一、逐步深入的小组分工

物理学科核心素养主要由物理观念、科学思维、科学探究、科学态度与责任四个方面构成。

基于课程内容，本课堂共有三个小组。先遣组，从组名上就体现出了它的功能与职责——作为课程的先遣部队，为课程做好准备，让整个课堂在严谨科学的物理观念的指导下进行。这个小组在参观四川科技馆和查阅网络资料的基础上，梳理了航天发展史，研究了水火箭的科学原理，为二、二组提供了有力的理论支持和技术支撑。探究组则是在第一组的理论基础之上，探究水火箭发射高度的影响因素。改进组又在第二组的基础上，给水火箭加装降落伞，制作可回收水火箭。

三个小组的分工内容不断递进，完美呈现了物理学科的核心素养，并在此基础上体现了学科选修课程的研究性。

二、探究活动中的分析与论证

从三个小组的汇报展示来看，学生的整个研究过程都是在物理观念和科学思维的指导下，秉持着科学态度进行的。在这个过程中，学生在面对具体问题时，能够对所学知识创新运用，这不仅充分体现出学生研究性学习的能力，也同时体现出了本堂课的研究性。

如第二组在制订计划与设计实验时，跨学科运用各科知识，以某一学生的高度为起始高度来计算水火箭发射的高度。运用控制变量与改变变量的科学实验方法，不断进行发射水火箭的实验，拍摄视频并记录数据。在分析与论证环节，利用折线图具象化抽象的物理知识，展现发射高度与各个因素之间的关系，得出清晰严谨的结论。这个环节不仅体现出本堂课的研究性，还显示出学生的学习过程是一种方法性学习。但学生并没有停留于结论，而是利用所学物理知识进行推理和论证，探究背后隐藏的原因。

学生通过自己记录的数据分析出所学的物理知识，这使物理知识和科学思维深深植入他们的脑海，而且也会进一步提高他们的研究推理能力。由此，物理学科的核心素养、课程的研究性得到了很好的体现。

三、伴随着质疑的探索与合作

科学探究的过程中，严谨认真、实事求是、持之以恒的科学态度是必不可少的。从课堂上三个小组的汇报来看，学生的探究过程充分体现了科学态度，这是难能可贵的。

如第二组在探究水火箭的发射高度与瓶内水量的关系时，原本认为加的水量越多，发射高度越高，但组内成员对此提出了异议，认为水多了水火箭的总质量就会越大，这样发射高度就会越低。在此质疑下，小组秉着严谨的科学态度进行了九次试射。正是因为敢于质疑的态度，才让小组的研究性学习更深入，才有了更完善的改进方案。

学生对水火箭的探究与改进过程充分体现了科学探究离不开质疑精神。

综上所述，本堂课在小组分工、分析论证、探索合作等方面体现了课程"四性"中的研究性。最后，笔者有两点小建议：

（1）在学生畅谈感悟环节，如果教师能够就之前的小组汇报进行有针对性的细节点评，效果可能会更好。如第一组航天发展史的梳理角度，第二组对实验数据的处理，第三组成果的"未完待续"，学生在研究学习的过程中体现出的物理素养和值得赞扬的小细节，教师若能及时抓住并给予评价，这样不仅能让学生对学习物理建立起更具体的成就感，也更能提升学生的物理学科素养。

（2）若能对学生最后的成果从素养和情怀的角度进行升华，可以让学生更好地建立起家国责任感。

本堂课的课程设计与实施紧扣"五育并举"，结合了国家航天领域的伟大成就，课程中实实在在的研究过程可使学生的研究能力和综合素质都得到提升，培养学生敢于质疑、勇于探索、善于合作的研究精神，使物理学科核心素养落到实处，充分体现物理学科活动育人的功能。

浅谈核心素养在课堂中的体现

——以航天教育之水火箭的探究与改进课为例

代亚秋

摘　要：2014 年 3 月 30 日，教育部印发的《关于全面深化课程改革落实立德树人根本任务的意见》提出：教育部将组织研究提出各学段学生发展核心素养体系，明确学生应具备的适应个人终身发展和社会发展需要的必备品格和关键能力。"核心素养"由此成为教育教学研究和落实的关键词。本文以物理选修课程"航天教育之水火箭的探究与改进"为例，通过分析课程的实施情况以及学生的学习效果，发现该课程在培养学生的物理核心素养方面具有显著的效果和积极意义。

关键词：核心素养

一、学生发展核心素养是纲，学科核心素养是目

2016 年 9 月，教育部组织的相关课题研究组提出了我国核心素养指标体系（如图 1 所示）。该体系分三大部分、六个方面、十八个要素，将学生发展核心素养界定为：学生在接受相应学段教育的过程中逐渐发展起来的适应个人终身发展和社会发展需要的必备品格和关键能力。在我国学生发展素养整体指标体系的框架及精神的指导下，2022 年 4 月教育部《义务教育物理课程标准（2022 年版）》中，对物理核心素养做了如下界定：核心素养是课程育人价值的集中体现，是学生通过课程学习逐步形成的适应个人终身发展和社会发展需要的正确价值观、必备品格和关键能力。物理课程要培养的核心素养，主要包括物理观念、科学思维、科学探究、科学态度与责任（如图 2 所示）。由此可见，核心素养是在个人发展及未来社会对人的新的要求视角下，重新提炼出的"适应个人终身发展和社会发展需要的必备品格与关键能力"，它与我们以前所提出的三阶目标——知识与技能、过程与方法、情感态度与价值观等有着非常重要的联系，但更符合当下对学生培养的要求。

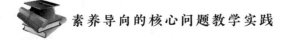

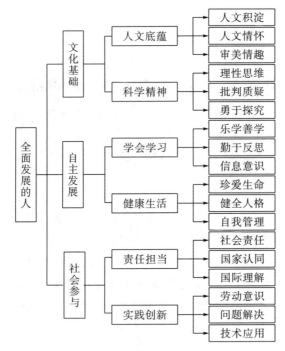

图 1

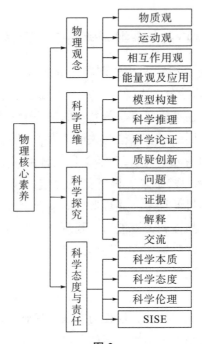

图 2

学生发展核心素养是纲,学科核心素养是目,物理学科的意义在于通过物理核心素养的培养,实现学生发展素养的提升,它们彼此渗透,共生关联(如图 3 所示)。

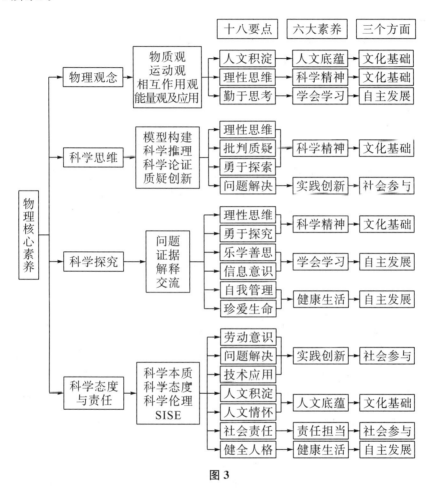

图 3

二、在实践探究中全方位提升核心素养

学生通过物理选修课程"航天教育之水火箭的探究与改进",不仅可收获物理知识,发展科学思维,更强化科学态度与责任,提升文化基础,体现学生在自主发展的基础上,践行社会参与,实现全面发展。

(一)由问题引发情境,促使科学探究

本课程的开设,是让学生在关心科技发展的基础上,从社会生活中发现时

事热点中的航天问题：中国航天事业经历了怎样的发展历程？火箭升空的原理是什么？由此激发学生的好奇心与求知欲，引导学生通过参观科技馆或网络查阅学习与航天相关的知识。由问题引发学习并激励创造，为进行水火箭的探究与改进做准备，使学生进入一个完整的科学探究情境中。随着研究活动的不断深入，问题不断涌现，从最简单的"如何让水火箭发射"到"如何发射得更高"，再到"如何提高水火箭安全性"，问题层层深入，推动学生不断深入探索研究。

学生尝试运用各种科学方法，优化设计与制作方案，达到提升水火箭性能的目的。在组员讨论、交流的过程中，通过不同观点的交锋、补充、修正，加深每个学生对当前问题的认识和理解。整个过程经历了提出科学问题、形成猜想和假设、设计实验与制订方案、获取和处理信息、基于证据得出结论并做出解释，最终"对科学探究过程和结果进行交流、评估、反思"，完全符合科学探究的四个要素：问题、证据、解释和交流。在这一过程中，老师一直积极创设学习情境，步步激发学生的探索兴趣，"无痕式"的引导教学更凸显了学生的主体地位，为接下来学生更主动地探索和研究奠定基础。

（二）亲身体验，内化吸收，形成"物理观念"

学生在科学探究的过程中还认识到火箭升空是利用力的作用是相互的这一原理，学习到了书本上没有的知识，通过水火箭升空运动的过程深化了能量转化的学科观念。他们在"探究水火箭发射高度的影响因素"以及"制作可回收水火箭"过程中，尝试利用已有的物理知识去猜想与假设、分析实验结果，分析试射失败原因并加以改进，这是缄默知识的显性化和实用化过程。

这种深层次的思维活动，不是具体知识的记忆和表面理解的水平，而是对科学探究中那些具有物理学科特征的事实、概念和原理进行深入的探究和思考，发现知识间的内在联系及其规律，真正形成自己的见解。这种"在做中学"的方式，与传统的课堂讲授相比，学生能够亲身体验物理知识，感悟知识中蕴含的思想、观点和方法，更利于学生对物理概念的理解、内化。

（三）追求不断，思考不止，锻炼科学思维

科学思维是对自然界事物的本质属性、内在规律及事物间的相互关系的间接的、概括的和建构的反映，该反映是以科学知识经验为中介，需要人脑借助推理和论证等形式，对多变量因果系统进行信息加工的过程。简而言之，科学思维是大脑对科学信息的加工活动，主要包括模型建构、科学推理、科学论证、质疑创新等要素。本课程先由先遣组梳理航天发展史，介绍水火箭升空原理，以及水火箭的结构，后带领二、三组制作水火箭，并成功地进行试射。先遣组通过一系列的参与实践，在二、三组同学的头脑中搭建起水火箭的模型框架，帮助他们抓住水火箭的关键要素，加深他们对原理、结构和发射的系统理解，使其形成系统思维。在此基础上二、三组同学根据试射数据确定了后续研究方向。二组为实验探究"水火箭发射高度的影响因素"，三组为"制作可回收水火箭，提升安全性"。在后续的探究与改进过程中，组员们对各种繁复的信息进行分析与综合，不断进行归纳推理，并且在分析实验结果以及试射失败原因时都进行了解释说明，提出自己的论点，反思自己和别人论点的不足，进行合理的科学论证。组员们更是大胆质疑与创新，推翻最初的设计方案，不断优化实验方案。这一系列探究实践都源于同学们已有的知识和能力储备，并在此基础上不断对科学事业进行更深的探索和思考，从而进一步锻炼了科学思维。

（四）寓教于行，培养科学态度与责任

对于科学态度与责任，在同学们的感悟中有深刻体现。先遣组的同学说道：在梳理我国航天发展史的过程中，不仅学习到了航天知识，更体会到了我国航天事业发展的不容易！这种自强自立的科学精神振奋人心。而探究组的同学则分享到，在研究过程中团队协作、分工明确非常重要。他们组的实验视频总共录制了三次。前两次由于分工不是特别明确，各自的任务有交叉，因而场面比较混乱，录制视频花了很长的时间，最终效果也不理想。最后一次，他们进行了明确的分工，大家齐心协力，利用一个中午完成了接近30次发射实验，最终获得了理想的实验数据和效果。可见团结协作是科学活动顺利进行的重要保障。改进组的学生则说道，不怕失败，坚信坚持就是胜利，他们组的改进过程中经历了一次次的失败，从最开始的低落与沮丧，到后来振奋精神不断尝试，最终取得成功，虽然结果还有不足，但更多的是收获了信念和信心。从学生的感悟中可以看出，在探究与改进的过程中，学生不仅在知识层面有收获，还学会了能主动与他人合作，尊重他人，更强化了科学态度、科学精神，同时注重与生产、生活实际及时代发展的联系，关注技术应用带来的社会进步和问题，培养了学生的社会责任感和正确的世界观。

综上所述，该课程转变传统的教学模式，让学生能从时事热点中发现与物理相关的问题，培养学生分析物理现象的能力，引导他们自主钻研，大胆创新，帮助他们树立问题意识与钻研精神，逐步形成适应个人终身发展和社会发

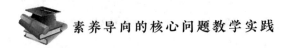

展的必备品格和关键能力。

参考文献

［1］中华人民共和国教育部. 教育部关于全面深化课程改革落实立德树人根本任务的意见［EB/OL］.（2014－04－08）［2023－07－01］. http：//www. moe. gov. cn/srcsite/A26/jcj＿kcjcgh/201404/t20140408＿167226. html

［2］中华人民共和国教育部. 以核心素养为导向持续提升义务教育质量［EB/OL］.（2022－06－22）［2023－07－01］. http：//www. moe. gov. cn/fbh/live/2022/54598/zjwz/202206/t20220622＿639734. html.

［3］中华人民共和国教育部. 义务教育物理课程标准［S］. 北京：北京师范大学出版社，2022.

［4］董学伟. 厘清高中物理核心素养与中国学生发展核心素养的对应关系［J］. 理化生教育与研究，2018（7）：153－154.

逐梦航空

——浅谈航天教育之水火箭的探究与改进课中的大概念教学

代　红

摘　要：新时代"全面发展，学会研究"的育人要求，需要我们在课堂中贯穿学科核心素养，设计研究型课程，培养研究型学生。本文以校本教研物理选修课程"航天教育之水火箭的探究与改进"为例，浅谈该课例如何落实研究性，贯穿核心素养三大领域，彰显人文底蕴，拓展学科价值外延。

关键词：核心素养；研究型学生；中学教育；航天教育

探索浩瀚宇宙，发展航天事业，建设航天强国，是我国不懈追求的航天梦。党的十八大以来，习近平总书记高度重视航天事业发展，多次谈到"航天梦"。对于初高中的学生们来说，每一次对航天梦的好奇，都有可能成长为闪闪发光的羽翼。

2019 年 6 月，国务院办公厅发布《关于新时代推进普通高中育人方式改革的指导意见》，基于时代背景和育人理念，笔者所在的川大附中初中部以国家政策为依据，坚持实施校本教研课程。在观摩我校开发的物理选修课程"航天教育之水火箭的探究与改进"后，笔者将从课程育人目标的校本化角度浅谈自己的认识。

一、建设研究型中学，让学生学会研究

学生的全面发展，是德、智、体、美、劳各方面的和谐发展。践行社会主义核心价值观，努力做社会主义建设者和接班人，把个人理想与国家发展、民族命运结合起来，是每个学生应有的责任意识。

航天教育之水火箭的探究与改进课程的第一次课，明确了课程核心问题，组建课程小组；第二次课梳理航天发展史，探究水火箭升空原理以及制作水火箭；第三、四次课进行了实验探究，改进了水火箭；第五次课汇报研究成果。每一堂课都是航天教育和物理的融合，通过这系列课的学习，学生了解了火箭发射原理，更切实地参与到水火箭的发射实践中，体会到了一代代航天人为我

国航天事业付出的艰辛，激发了他们的物理学习兴趣和航天兴趣。

有学生在作文中写道："我要成为一个航天人，我知道会付出很多艰辛，但它实在太有趣了，而且很有意义。"我想这就是课程所带来的超越知识学习本身的价值——学生把个人理想与国家发展、民族命运结合起来，努力成为社会主义建设者和接班人。

学会研究，是学生在价值取向、思维和行为上把研究作为自己全面而有个性发展的重要基础。正是出于对水火箭发射的兴趣，学生发现问题、提出问题、获取信息、解决问题，在结果表达与检验、评价反馈和推广运用中充分锻炼了实践能力。

第一组，也即"先遣组"的研究以参观科技馆、在网络资料搜集等方式，梳理中国航天发展史；阐述火箭和水火箭的异同、水火箭的结构、水火箭的配件结构等。学生做好准备，操作发射，水火箭直冲云霄，惊呼声也传遍学校的操场。这是一次成功的实践，更是一场优秀的展示，让人感受到物理实验的魅力。随后学生以现场展演的方式，解说水火箭的操作过程，学生的指令清晰简洁，配合完美。值得一提的是，整个发射过程都是学生自主完成，教师在一旁保驾护航，充分体现了研究活动以学生为主的特点。

本堂课程的另一亮点在于对研究过程的不断反思，研究策略的不断调整。

比如第二、三组分列出 5 个步骤，进行火箭制作。在第一次实验成功后，教师采访学生：你认为谁制作的水火箭更优秀？还有什么改进的地方吗？有学生认为水火箭在掉落的时候很不安全，可以考虑增加降落伞来提高安全性。随即，师生共同调整了实验目标，探究影响水火箭发射高度的因素，并为火箭安装降落伞。

通过小组讨论，学生大胆假设影响水火箭发射高度的因素。实验测算的过程严格遵循控制变量法，做到了每一次实验有依据，每一次实验有记录，每一次记录有分析，最终得出研究结论。制作降落伞时，初版的失败让学生意识到可乐瓶太小无法弹出降落伞，随后进行画线、切割、重新组装。反反复复的实验和调整，最终使水火箭的发射、降落更完善，每一位学生都参与到实践当中。

整个课程的研究充分体现了"目标适合、调整及时，差距明确、举措得当，锲而不舍、自信自强"的研究方针。

二、贯穿核心素养三大领域

本课程贯穿核心素养的三大领域：文化基础、自主发展、社会参与。

　　文化基础上的核心素养积淀，不仅有本系列课程前几期关于航天历史发展和科学精神的感悟，还有我校艺术科技节、物理组实验比赛等丰富多彩的活动所做的人文底蕴铺垫。这些有关航天科技的活动，让学生在学习本堂课前就对科技有了极强的兴趣。

　　自主发展的核心素养，体现为本课程强调学生自主发展、学会学习，根据情境充分创造条件让同学们自主探究。例如教师在多媒体教室的信息化展示，小组在了解水火箭原理后的构建模型和调试，操场上学生对于水火箭进行发射实验，水火箭发射实验后的改进与反思等。

　　社会参与的核心素养，体现在课程外延上，强调社会参与，凸显责任担当和实践创新，充分锻炼了学生的实践能力。火箭发射本是一个让我们感觉十分遥远的事，让人很难有参与感。本课程正是将神秘的火箭发射，与学生常见的材料可乐瓶、橡皮筋、纸板、水等关联起来，让学生既学习到了物理知识，又锻炼了实践能力。而且，学生并没有一味闭门研究制作，而是充分调研科技馆，请教教师，运用多种渠道求知。解决问题的过程使学生养成了敢于质疑、勇于探究、善于合作的研究精神。

　　此外，本堂课研究活动具有丰厚的人文底蕴。学生对于中国航天发展史的梳理，以及展示课上畅谈收获的环节令人印象颇深。每一个航天成就的背后，都凝聚着几代中国航天人自力更生，顽强拼搏的精神，也承载着中国人探索宇宙的梦想。不少学生更认识到了航天事业的艰辛与伟大，认识到"航天不仅是高科技的代表，更是一种精神的象征"。

三、改进建议

　　本堂课有太多值得学习的地方，笔者仅从其他学科的角度提出一些建议：

　　（1）小组名称设置。课程设置了先遣组与探究组，其中探究组是否可以根据研究内容再次分组，强调各组特征。

　　（2）展示课的小组成员们多在念 PPT，未能充分考虑到展示节奏。

　　如果从小为学生播下航天梦的种子，也许这颗种子就能在未来发芽。

　　今天，学生在川大附中初中部的课堂上感知伟大时代，未来他们就可能会用自己的梦想点缀浩瀚苍穹。我们期待着学生的航天梦能助力强国，期待后继者探索太空的脚步迈得更远。

学科选修育人才，"五育融合"促发展

——以初中 TEDx 英语演讲研习课为例

张 兰

摘 要："'五育并举'，融合育人"是贯彻党的教育方针和落实立德树人的基本途径。为顺应新时代教育发展，促进学生"全面发展，长于研究"，川大附中初中部对基于核心问题研究开发的学科选修课程进行反复实施与再开发。本文是对初中 TEDx 英语演讲研习课程的听课感悟，文章从课程的学科性、情境性、活动性、研究性等方面分析了课程特色并提出相关建议。

关键词：学科性；情景性；活动性；研究性

2022 年 5 月，川大附中初中部初一英语备课组范琴老师围绕校本教研主题，着力于"课程四性"和"课程育人"两大方面，开发实施了名为"迎大运·让世界听见我们的声音"的初中 TEDx 英语演讲研习的学科选修课程。本课程共计划实施 5 次正式课，截至 2023 年 3 月底已上完前三次课。

第一次课为提出问题环节，确立课题；师生共同观看经典 TEDx 英语演讲合辑和研究优秀的演讲文稿，一起探讨优秀初中 TEDx 英语演讲评价标准，初步形成《初中 TEDx 英语演讲评价表》。同时，学生根据演讲主题，组建了三个团队，即"天府文化组""喜迎大运组"和"成就梦想组"，确定了本课程需深入研究的三大演讲主题——英语遣词造句、英语逻辑思维和英语演讲节奏。

第二次课为问题解决环节，三个小组向全班汇报关于演讲评价表的研究成果，全班再结合各小组深入研究的主题，进行讨论、梳理和归纳总结，初步形成《初中 TEDx 演讲评价表》。

第三次课，参研学生再次梳理、归纳总结，进一步优化《初中 TEDx 英语演讲评价表》正表。

4 月 11 日，我们终于迎来了本课程的第四次课——"初中 TEDx 英语演讲研习的成果分享与交流"。范琴老师在课堂上始终围绕本课主题，组织学生开展活动。

首先，三位优秀的小演讲家进行了题为《天府文化》《喜迎大运》和《成就梦想》的精彩演讲。紧接着，三个小组的学生代表分别对各自小组的前期研究过程和研究成果进行了梳理和汇报，阐述了各自着力研究的英语演讲三大方面——英语遣词造句、英语逻辑思维和英语演讲节奏，呈现了《初中 TEDx 英语演讲评价表》中的两大评价项目和 15 个子维度。

其次，每个小组派一名优秀的评论员对本组的演讲进行点评，详细阐述了本组重点研究的演讲主题下的评价细目在刚刚的演讲中如何得以体现。

最后，范琴老师引导学生畅谈在该学科选修课程中的有关学科知识、核心素养、情感态度和价值观等方面的收获。

这堂展示课生动活泼、内涵丰富，学生潇洒自信大气的台风更是完美地彰显出课程育人的独特魅力。

整个课程的推进完全符合学科选修课程的学科性、情境性、活动性和研究性的课程性质要求。学科性集中体现在《初中 TEDx 英语演讲评价表》的研究、生成、运用和修订的过程中，同时也体现在依据评价表中的两大评价项目和 15 个子维度进行撰稿的过程之中。

活动性体现在学生对《初中 TEDx 英语演讲评价表》的研制过程中。研制前，学生对经典演讲和 2022 义务教育阶段英语课程标准进行研习；研制中，学生基于缄默知识、经典研习、对比课标等进行研讨、修订；研制后，学生参与选题、撰稿与演讲，自评与互评，畅谈并抒写参研感受等活动。

情境性突出体现在学生基于自己对文化、对大运会以及对梦想的认知确立的"吉祥物背后的文化""第 31 届大运会，我们准备好了""努力和坚持让梦想成真"等选题呈现出的生活实践情境，更突出体现在教师以爱生之心和专业之功在各项研究活动中为学生营造出的温馨、和谐、团结、奋进的学习探索情境。

研究性贯穿《初中 TEDx 英语演讲评价表》的研制过程。整门课程的推进将活动性融于情境性，彰显了学科选修课程的研究性和学科性。

从落地英语学科核心素养的角度出发，笔者重点关注了本课程在开发与实施过程中体现出来的学科性。

英语学科选修课程的学科性就是指英语学科核心素养落地并彰显学科育人功能。2022 年 4 月 21 日，教育部正式颁布《义务教育英语课程标准（2022 年版）》，明确指出学科核心素养是学科育人价值的集中体现，是学生通过学科学习逐步形成的正确价值观、必备品格和关键能力。英语学科核心素养包括语言能力、文化意识、思维品质和学习能力四个维度。接下来，笔者将结合学生在研习过程中的表现重点评析本课程是如何呈现学科性，又是如何充分发挥学科育人功能的。

一、在主题情境中培养学生的语言能力

新课标中指出语言能力是指在社会情境中，以听、说、读、写、看等方式理解和表达意义、意图和情感态度的能力。回望本课程开发之初的情形，彼时的学生在撰写初稿时，词不成句、句不达意、意不能明。所幸，随着课程的推进和研究的逐步深入，教师带领学生进行小组分工协作，观看了大量的演讲合集，查阅了大量的文献资料，研究了大量的演讲文稿，并抓住时代契机，确立了"天府文化""喜迎大运"和"成就梦想"的演讲主题。接着又着重对英语遣词造句、英语思维逻辑、英语演讲节奏这三大项目进行研究。通过研究，学生发现英语语言常使用代词，喜欢把修饰语放在后边，这跟汉语是不一样的；学生还发现英语的逻辑思维跟汉语不同，说话节奏也有差异，为此，教师还专门找来了一个节拍器，帮助学生找到说英语的节奏。

最终，展示课上学生落落大方地站在台上，用较为地道的口语侃侃而谈。毫无疑问，学生的语言能力已得到了质的提升。

二、在中西碰撞中形成的文化意识

在全球化背景下，英语学科核心素养中的文化意识内涵是指学习者能理解中外文化，认同优秀文化，表现出跨文化的认知、态度和行为取向。外语学习既要了解异国文化，也要加强对本国和本民族文化的了解和认同，并向别国传播自己国家的文化，增强国家认同和爱国情怀，提高民族自信、自尊、自强，坚定文化自信，树立人类命运共同体意识。

在本课程的英语演讲研习过程中，学生观摩了大量的 TEDx 演讲视频，这些 TEDx 视频演讲给予学生丰富的文化浸润，帮助他们拓宽视野，了解外国文化、促进国际理解；同时，时值大运会召开进入倒计时阶段，成都市政府的相关宣传工作如火如荼。武侯区教育局也大力提倡学生为宣传大运进行TEDx 演讲汇报，让世界听到我们的声音。在"文化组"学生的演讲中，我们领略到了火锅文化和川剧艺术的魅力；"大运组"学生的演讲让现场所有教师感受到成都人民对大运会的重视和热情；"梦想组"的演讲家更是激情澎湃、

旁征博引，让学生更加坚定"努力和坚持就能让梦想成真"的信念。这些都有益于加深学生对中华民族优秀传统和对家乡文化的认识与热爱、大力弘扬天府文化，坚定文化自信，提高学生的社会责任感。TEDx 的初衷本就是传播值得传播的思想。本课程对学生良好文化意识的形成产生了积极影响。

三、在撰稿中提升学生思维品质

思维品质主要反映学生的思维在学习过程中，在逻辑、推理、批判和创新等方面所表现的水平和特点，体现了从知识输入到知识生成的严谨思维过程。在思维品质培养过程中，学生能辨析语言和文化中的各种现象；分类、概括信息，建构新概念；分析、推断信息的逻辑关系；正确评判各种思想观点，理性表达自己的观点，具备初步用英语进行多元思维的能力。

此次课程的参研学生在撰写演讲稿时，审视给定的参赛题目要求、分析演讲的目的、选择合适的题材，选取使用贴切并符合英语习惯的词语和语句表达自己的思想和感情。这种严密的呈螺旋上升式的思维训练，有利于学生逻辑和创新能力的提升，培养了学生的思维品质。

四、在研习活动中提升学生学习能力

英语学科核心素养中的学习能力是指学生主动拓宽学习渠道，积极调适学习策略，努力提升效率的能力。本课程从研发到展示，学生参与和体验了大量丰富的研学活动。

最开始，师生共同观看经典演讲，自助研习优秀演讲稿，再通过小组合作、头脑风暴、集体探讨等方式，不断提炼、优化、反思、修订，并最终生成《初中 TEDx 英语演讲评价表》，然后据此撰写演讲稿。在撰稿过程中，学生遭遇了很多困难，比如词汇、语句、中西语言表达差异等，但学生面对困难没有妥协，而是通过查阅资料、请教教师等方式逐一解决，最终三篇近乎完美的演讲稿得以呈现。

有了评价表，有了演讲稿，只是为演讲做好了资源准备，学生还得用心琢磨如何底气十足地站在台上实施一场极具感染力的演讲。所以学生除背稿以外，又再一次反复观看优秀的演讲视频，着力于非语言方面的研究，如得体的肢体语言、从容自然的表情、自信且能与听众互动的眼神、直观精美的 PPT 等。这一系列的活动几乎都是学生自主完成的，他们的学习能力相比参研之前得到了极大提升。

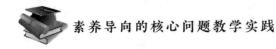

综上所述，本课程师生的课堂表现完美呈现"课程四性"和"课程育人"两大特性，践行了"五育融合"，实现了"五育并举"。

"纸上得来终觉浅，绝知此事要躬行"，让我们以行动为基，以思考为翼，充分发挥个人智慧，根据学校规划、教学目标、课程资源等条件，综合采用一种或几种融合创新范式并适时调整创新，在理论与实践的双向互动中作出"五育融合"的创造性转化，最终实现"五育共美"的整体育人功能。

在探究中提升学生核心素养

——观初中 TEDx 英语演讲研习课有感

胡　敏

摘　要： 学科选修课程的开发实施以育人为本，强调通过实践活动促进学生的深度体验。让学生从现实生活中发现问题、提出问题并将其转化为活动主题，通过探究、讨论、梳理、总结、点评等方式，培养学生的综合素质，让学生"全面发展，长于研究"。同时，课程也注意培养学生的学科学习核心素养，让学生在动手动脑、躬身实践的研究中获得更丰富、更深入的体验和感悟，使学生的综合素质得到提升。

关键词： 核心素养；综合实践

2021—2022 学年，川大附中初中部的校本研究课程是"'五育并举'的研究性课程体系构建与实施再研究（二）"。通过学习，笔者明确了学科选修课程开发实施的目的是以育人为本，为学生提供选择，满足学生学习的多样化需求；学生了解学科深入发展的方向，进而确定自己的兴趣爱好、职业倾向，为今后的专业选择做准备；让学生全面发展，长于研究，通过素养提升促进成绩提升。通过观摩本校教师范老师精彩的校本研究课，笔者更是受益匪浅。

范老师的校本研究课是"迎大运·让世界听见我们的声音"——初中 TEDx 英语演讲研习的第四次课。学生会给大家呈现怎样的精彩演讲呢？如何对演讲进行研习呢？笔者可以通过这节课学到什么呢？笔者是否能将今天的所观所感运用到自己的英语教学中呢？带着这些疑问和期待，笔者开始津津有味地观摩范老师的课。

这节课学生的表现实在是精彩之极，令人赞叹不已。在上课之初，范老师就请三个小组通过 PPT 展示和回顾了前三次课的研究过程和研究成果，并提出了本课主题，营造出解决问题的情境。然后进入解决问题环节，即本课的汇报展示环节。全班同学被分成三个小组：文化组、大运组、梦想组。三个小组分别派三个代表汇报演讲、研究和点评，并根据《初中 TEDx 英语演讲评价表》对各组投票。之后进入反思提升环节，让全班学生从学科知识、核心素养、情感态度和价值观这几个维度对各组表现进行综合评价，畅谈在课程中的收获。

范老师在课堂中适时引导、组织和板书。学生在课堂上积极参与，思路清晰，口语流利。通过学生的精彩表现，笔者对课程开发的背景、思路及过程一目了然，并由衷地为学生们感到自豪，初一的学生能做到这样的程度实属不易。

该课程一共分五次课。第一次课为提出问题环节，目标在于确立课题。师生通过观看经典 TEDx 英语演讲合辑和研究演讲文稿，探讨优秀的初中 TEDx 英语演讲评价标准，初步形成《初中 TEDx 英语演讲评价表》，学生根据研究兴趣组建团队，确定深入研究的主题——英语遣词造句、英语逻辑思维、英语节奏。课后小组分工撰写关于优秀 TEDx 英语演讲评价表的报告。

第二次课到今天的第四次课是解决问题环节。第二次课，各小组向全班汇报关于演讲评价表的研究成果，全班再结合各小组深入研究的演讲主题，再次讨论、梳理、归纳总结，初步形成《初中 TEDx 英语演讲评价表》的正表，确定以"迎大运·让世界听见我们的声音"为演讲主题，各小组分工合作开始撰稿、练习并选出两名同学准备演讲和点评。

第三次课，通过观看组内同学的汇报演讲和聆听组内同学和师生点评，发现问题，经过再次梳理、归纳总结，进一步优化《初中 TEDx 英语演讲评价表》，同时重点关注深入研究的演讲主题是否在演讲和点评中体现出来了。通过投票选出最终汇报演讲的学生，课后，小组分工修改演讲稿 PPT 和剪辑视频等。

第四次课，即本堂课，三个小组共九名选手汇报演讲、组内研究主题和点评，师生通过自评、他评、师评完成对演讲的评价，师生使用问卷星投票选出最优小组，学生聆听并记录师生点评以便进一步改进演讲视频和抒写参研感受。

第五次课是反思提升环节，学生记录、整理资料，反思研讨、撰写研究报告。

这堂课上学生的展示让听课的师生都深深沉浸其中，回味无穷，学到了很多知识。

这节课体现了学科性。这节课的课程内容充分体现了英语学科特性。核心问题满足英语学科性质的基本要求，具有显著的英语学科特点；从课程育人来看，核心问题教学中的活动体现了学科课程目标导向，使学科核心素养落地，充分发挥了学科育人功能。课程不仅让学生学英语，更让他们充分体验到英语演讲与英语学科核心素养之间的关联性，在语言能力、文化意识、思维品质和学习能力几个方面得到锻炼。

这节课体现了情境性。从课程内容来看，核心问题教学中的背景与时事"迎大运"紧密相关，是在真真切切地为成都迎大运做宣传；从课程育人来看，核心问题中的背景设置促进了学生融入生活实践情境和学习探索情境，激发了学生产生问题、解决问题的欲望，使他们能够形成并列性或递进性新问题，从而充分发挥课程的情境育人功能。

这节课体现了活动性。从课程内容看，核心问题教学中的"活动"丰富多彩，精彩纷呈，学生观看英语演讲合辑、研究演讲文稿，探讨英语演讲评价标准，组建课程小组，确立课题，撰写评价表报告，汇报关于研究评价表的研究成果，讨论、梳理、归纳总结，确定演讲主题，撰稿、练习、演讲和点评，修改、剪辑视频，汇报演讲、自评、互评、师评，投票选出最优小组，聆听并记录感受。这一系列的活动将学生思维导向高阶。从课程育人看，这种层层递进、不断深入的活动促进了学生的深度体验，发展了学生综合素养，充分发挥了活动育人的功能。整节课在促进学生学科知识的增长、学科素养的提升、学科思维的培养方面发挥了积极作用。

这节课体现了研究性。从课程内容看，核心问题教学中问题的发现、确定、表达、解决、汇报和评价均包含了研究性，并最终形成了能体现学科本质的研究成果；从课程育人看，融入情境、思维高阶的研究促进了学生学科核心素养的积淀，不仅让学生学会了英语演讲的方法，而且指导学生将其用于他们后期的日常学习与生活，充分发挥了课程研究育人的功能。

从这节课来看，教师只是活动的组织者、引导者和参与者。范老师为学生提供了自主探究学习的机会，也为学生提供了展示的机会。让学生分小组在这节课中尽情展示，并引导学生进行了反思和提升。这既符合新课改的教学理念，也是学校开发校本学科选修课程的目的所在。育人实施强调实践活动及促进学生的深度体验，强调的是让学生从现实生活中发现问题、提出问题并将其转化为活动主题，通过探究、撰写、汇报、讨论、梳理、总结、点评等方式，培养学生综合素质。

本节课的选题、实施过程均严格按照学科选修课程的要求进行。这一课程的实施，可增强学生学习英语的兴趣，培养学生的探究精神，增强学生的团队协作精神，达到育人目的。

在这个学科选修课中，学生积极参与，开展研究性探究性活动，进行了充分的研究、体验和实践。这既可培养他们学科学习的核心素养，又可让学生在

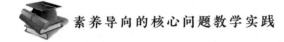

动手动脑、躬身实践的研究中获得更丰富、更深入的体验和感悟，使学生的综合素质尤其是研究素质得到提升，让每位学生学会研究且全面发展的育人目标得以实现，这也凸显了研究型中学的特色。

总之，这节学科选修课让学生受益匪浅，既可丰富学生的学科知识，培养学生的英语听、说、读、写的技能，提升学生的学科素养，让学生既能上台演讲，也能适时点评，又提升学生的综合能力，使学生全面发展。

这节课让教师也从中学到了很多，比如如何在学科课程教学中突出研究素养，如何在教育教学中将现代信息技术和教育教学活动有机地结合起来。希望我们在新时代教育理念的引领下，继续深化新课改的目标，让"五育并举"的研究性课程得到进一步的开发和发展。

第四篇

大概念核心问题教学研究

　　大概念处于更高层次，居于中心地位，兼具认识论、方法论、价值论三重意义因而更能广泛迁移，其根本特征是意义性。大概念具有高阶性和中心性、持久性和迁移性、网络性和意义性。大概念的核心问题教学是以生活和学习探索中的核心问题的创造性解决为抓手，发展学生核心素养，促进学生全面发展，学会研究。

大概念核心问题教学：
"线段、射线、直线"教学设计

苑兴禹

在当前时代背景下，以学生发展为本、以核心素养为导向的教学理念，要求教师在教育教学上把学生思维和能力的培养放在首要位置，立足学科整体的大单元知识架构，从整体角度进行思考，对知识体系进行有效衔接。教师通过各种策略和途径，将"五育并举"的研究性学科课程性质融入其中，把引导式教学与情境教学相融合，从而充分培养学生的核心素养。

一、教学分析设计

（一）教材课标

本节课"线段、射线、直线"是北师大版数学七年级上第四单元的第一课时，在初步认识图形的基础上，进一步对学生运用符号表示图形和准确作图进行初步的培养。课程内容看似简单却非常重要：首先，线段、射线和直线是研究本单元基本平面图形的基础；其次，从本节课开始出现的图形表示、文字表示和符号表示，是系统学习本单元几何图形所必需的知识，为以后学习几何图形知识奠定必要的基础；最后，本节课探究"三线"的思路也是本单元探究基本平面图形，乃至解决一些实际问题的方法思路。因此，本节课的学习对于今后图形与几何的学习起着基础性作用。

（二）大概念

概念结论类：基本平面几何元素及其关系（含表示方法、基本事实）。
思想方法类：类比推理、从直观到抽象、从定性到定量、从粗略到精确。
价值观念类：实事求是。

（三）资源条件

本次课为室内的展示交流课，所用主要教学媒体资源如表 1 所示。

表 1　教学媒体资源

教学资源	功能
黑板	板书核心问题，几何图形的相关性质，反思提升要点等
教材、学案	提供核心问题教学各环节中自主探究与生成的环节
教具	作图示范
PPT	出示核心问题，提供全班交流时所需部分结果，出示评价反馈、练习等内容

（四）学生基础

学生小学阶段已经对平面几何图形中的线段、直线、射线图形有了初步了解，并能准确描述出线段、射线、直线的区别和联系。但在图形表示、文字表示、符号表示的相互转换中无法准确地表示基本平面图形。

为了让学生归纳总结出这些基本平面图形的相关性质，应提供学生熟悉的图形，便于学生直观观察，从具体到抽象地建立关于基本平面图形性质的深刻印象，深度体验图形表示、文字表示及符号表示在相互转化中的关联。为此，将"借助作图工具作图，利用符号表示描述基本平面图形的相关性质"拟定为本课时核心问题中的学生活动。根据本课程规划纲要确立课程教学目标。

（五）教学目标

参与线段、射线、直线的定义、性质探究及符号表示活动；能理解线段、射线、直线的定义、性质及符号表示，并用于解决生活中相关的基本问题；由此体会到分类讨论是解决纷繁复杂问题的重要基本方法，了解科学探究中实事求是的精神。

（六）核心问题

观察生活中的物体，从中抽象出线段、射线、直线并下定义，作图探究其基本性质，用符号表示。

（七）评价预设

1. 对大概念生成的评价维度

概念结论类：图形与几何的基本事实、表示方法，都体现在探究基本平面图形的相关性质过程中，应从概念的抽象形成、符号表示的精准表达方面进行学科专业知识的评价。

思想方法类：对探究基本平面图形性质的思想方法进行评价，在"评价反馈"中，探究一条铁路线上站点数量和票面种类之间的关系，因站点名称和顺序不同则票面不同，需对每种站点搭配情况进行分类讨论，从而得出票面种类。

价值观念类：基于事实进行线段、射线、直线的符号表示，体会科学探究中实事求是的精神，从而形成正确的人生观和价值观。

2. 对素养目标达成的评价

在研究基本平面图形性质中，尤其在利用符号表示、图形表示、文字表示相互转化的活动中，对直观想象、数学抽象等素养进行评价。

在利用基本平面图形及其性质的研究活动中，对学生直观想象、逻辑推理、应用意识等素养进行评价。

二、教学实施设计

（一）教学环节

按课程规划纲要的课次规划，包括提出问题、解决问题、反思提升、评价反馈四个子环节，具体教学设计如表 2 所示。

表 2 教学设计

教学环节	学生活动	教师活动	设计意图
提出问题	播放视频提出核心问题：观察生活中的物体，从中抽象出线段、射线、直线，并下定义，作图探究其基本性质，并用符号表示	观看视频，从中抽象出几何图形	提出核心问题

教学环节	学生活动	教师活动	设计意图
解决问题	活动一：观察生活中的物体，抽象出平面图形。活动二：作图探究其基本性质。活动三：基于基本事实，理解线段、射线、直线的符号表示（PPT展示学生需要解决的问题，在学生解决问题的过程中，给予一定的建议和指导）	活动一：指导学生独思独做，发现特点，总结规律，在互评中发现问题，并及时调整。活动二：指导学生先独思独做，再共学组讨论，通过实验操作解决问题，体验其基本事实。活动三：指导学生独思独做，类比点的表示方式，基于基本事实，理解"三线"的符号表示	活动一：培养学生的数学抽象素养。活动二：培养学生的动手能力，初步形成从直观到抽象的思想方法，体验实践是认识的基础。活动三：引导学生通过事物的特征进行逻辑推理，在科学探究中养成实事求是的精神
反思提升	引导学生回顾本节课所学内容，归纳总结本节课的数学知识	引导学生完成归纳总结	通过总结本节课探究"三线"的思路，归纳出学习基本平面几何的一般方法
评价反馈	PPT展示问题	指导学生先独思独做，再共学组讨论，最后请学生代表展讲	将实际问题抽象成平面图形，运用本节课的通性通法来分析图形，这正体现出用数学的眼光观察问题，用数学的思想思考问题，用数学的语言表达问题

（二）评价预设

提出问题环节：学生可从视频中抽象出几何图形，教师给予肯定。

解决问题环节：图形与几何的基本事实、表示方法，都体现在探究基本平面图形的相关性质过程中，应从概念的抽象形成、符号表示的精准表达方面进行学科专业知识的评价。

反思提升环节：引导学生从理论、思维上上升一个台阶，理解研究基本平面图形的通性通法。

评价反馈环节：对探究基本平面图形性质的思想方法进行评价，培养学生分类讨论的数学思想，利用研究"三线"的思路解决一些生活实际问题〔例如，为推动成渝地区双城经济圈发展，轨道交通网络的建设尤为重要，其中"成渝中线高铁"往返于成都和铜梁区两地，中途经过两个站点（资阳市、大足区）。中途经过 n 个站点，则这条线路上应该设计几种票面]。

（三）板书设计

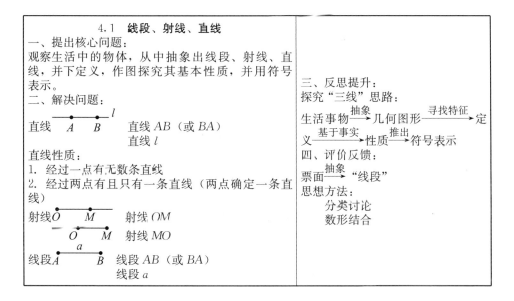

（四）教学流程

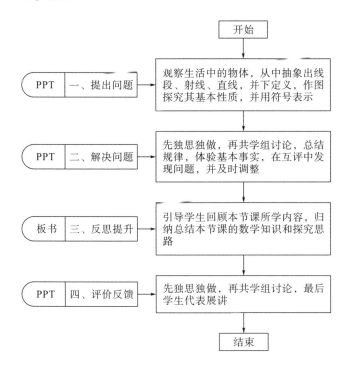

三、教学评价设计

（一）评价实施

知识检测：以填空题和选择题方式对学生的知识掌握情况进行评价。

表现性任务：提供实际铁路问题情境，以小组合作形式探究票面种类。

（二）反馈调整

在教学中，鼓励学生进行小组讨论、交流学习，放手让学生自己观察思考，根据学生参与学习的积极性、主动性和检测反馈的信息进行评价与调节。针对反馈不理想的信息，教师进行启发性指导；在教学后，根据学生整体和个体的学科核心素养积淀，具体针对核心问题教学评价表、大概念的核心问题教学素养目标点检测表的相关要素进行反馈调整。

基于大概念的单元教学设计

——以线段、射线和直线课为例

邓万强

摘　要：学科大概念指的是以学科核心内容与教学任务为中心，将学科关键思想、重点内容联系起来，开展教学活动的一种教学思想。将学科大概念融入课堂教学中，将单元中零散的知识点串联起来，形成有序、清晰的知识体系，从而进一步夯实学生的数学学习基础，为学生今后的数学学习提供支持。

关键词：学科大概念；单元教学

一、学科大概念及其在初中数学单元教学设计中的应用思路

（一）学科大概念

学科大概念是基于核心素养培养背景下提出的新教学理念。这一教学理念的提出改变了以往以"知识点为依据教学"的模式，更加倾向于从学科的整体角度出发，思考学生在学习过程中需要形成的学科思维、学科能力。

为了在初中数学教学中运用学科大概念，教师可以将其与单元教学理念综合，从数学学科的角度提取每个单元的教学目标、数学知识、数学素养等，以单元为整体，将原本教材中的知识点打乱重构，形成以一个单元为主体的多个单元教学分解活动。

（二）学科大概念在初中数学单元教学设计中的应用思路

1. 关注学生的几何逻辑思维

逻辑思维是初中学生应具备的主要能力之一，也是学生必须掌握的数学大概念之一。教师进行单元教学设计时，需分析班级学生的逻辑思维水平，考虑班级学生的逻辑思维形成情况；提出契合班级学生情况的、不同难度层次的单元教学目标。苑兴禹老师在教授校本研修课线段、射线和直线时，学生的逻辑思维活动在以下三个方面得到充分体现：一是通过大量的分组探究活动，促成

学生掌握本单元中的图形探究方法；二是提高了学生有关几何基本图形概念的文字、符号和图形本身三者之间灵活转换的能力；三是在掌握前两个能力的基础上，能灵活运用逻辑思维技巧，解决生活中的相关实际问题。

这些都得益于教师根据这一目标进行本单元多节课时的教学分解和核心教学活动设计。

2. 整合多重教学目标

学科大概念强调的是对教学整体思想与价值观念的培养，因此，教师设计单元教学活动，需将初中数学的基本课程要求作为参照，保证单元教学目标、分解教学目标均符合教学大纲中的基本要求。

根据初中数学各单元的课程内容，教师分别从学科知识、学习能力、学习观念角度提出教学目标。以"学科知识"的目标为例，教师根据学科基本要求，需分别提出知识理解、知识掌握、知识运用与知识综合目标。

3. 体现学科大概念的概念

这需要从数学思维、数学与生活、数学与社会等方面提出目标。按照这样的思路，教师才能充分体现数学教学过程中的学科大概念特征，发挥单元教学的优势，辅助学生自主探索、掌握知识。

二、基于学科大概念的初中数学单元教学设计策略

（一）明确教学目标，合理设定单元教学方式

在学科大视域下开展初中数学单元教学设计，需要教师明确教材的知识内容都是根据不同单元设置的，在开展教学时，教师需将教材知识内容与学生的实际学习状况结合，以此设定相应的教学目标。教师让教学计划能达到应有的教学标准，结合单元教学明确一个教学目标，根据该目标与学生一起进行教学与学习。

例如，教师在教授线段、射线和直线时，课程的主要教学目标就是设定教学情境，让学生能直观地从不同角度观察金箍棒的变化，这一活动把本堂课三种基本图形寓于情境之中，加强这部分知识与学生日常生活之间的联系，实现知识、能力与价值三个维度的目标。

（二）关注学生情况，明确单元教学设计基础

学科大概念视域下开展初中数学单元模块教学设计，教师要主动关注学生

的实际情况，深入了解学生，全面分析班级学生的数学基础储备、兴趣爱好、数学素养发展情况、学习习惯与学习认知，将学生的情况作为初步开展单元教学设计的基础，为提出单元教学概念与框架提供可靠依据。

学生小学就学过线段、射线和直线这些基本图形，但只有形象描述，学生具备的缄默知识多于显性知识，没有系统接触过它们的学科定义，缺乏对图形的概念与认知。基于此，教师开展课程内容教学。

本节课，苑老师通过营造丰富的情境，分小组充分讨论，开展深入探究活动并让学生上台展示，从而更直观、深刻、感性地理解三种图形的概念与意义，直接攻克本单元的"核心概念"，激活学生小学已有的缄默知识，深度内化概念，使学生掌握了本堂课的核心知识与技巧。

通过这一教学设计的实施，学生能从整体上了解这三种基本几何图形，实现学科大概念下的单元整体教学目标，提升课堂教学效率。

（三）分析教学要求，提出具体单元教学目标

在学科大概念视域下开展初中数学单元模块教学设计，教师要结合上述学情，针对核心概念，结合教学的基本要求，有计划、有目的地细化单元整体知识，分解单元知识点，制定具体、明确的教学目标，为引导学生自主学习与探究提供明确导向。在实际过程中，教师可以分别从基础知识、数学能力、数学观念三个角度入手，描述数学课程教学目标。比如，在数学知识层面，教师可以分别提出"了解""理解""运用""素养"的教学目标；在能力层面，可以分别提出"尝试""熟练""掌握"的教学目标；在观念层面，可以分别提出"认知""态度""思维"的教学目标。通过细化单元内容，分解教学目标，让学生通过完成小的教学目标逐步完成课程学习任务，掌握单元整体知识，形成良好的数学素养。

例如，教授线段、射线和直线这节内容时，苑老师这样来分解本节课的单元整体教学目标：一是基础知识。通过导入资源了解课程知识，让学生理解线段、射线和直线的概念相同处与不同处，并指导学生运用方法。二是数学能力。学生结合教师提出的问题尝试使用不同符号表达概念，掌握彼此之间的区别与联系。三是数学观念。学生形成特定的图形认知，能发现生活中的各种物体，能逐渐形成不同的视角表达不同概念的数学思维。

（四）构建知识框架，整合单元知识内容

学科大概念视域下开展初中数学单元模块教学设计，教师要进一步构建单

元知识框架，凸显学科大概念，明确单元课程的核心概念，梳理整合单元知识内容，将单元知识教学内容以直观明确的形式展现在学生面前，进一步强化学生的单元数学思维，让学生能以数学思维思考问题。结合线段、射线和直线的课程内容，教师根据本单元的知识内容，在明确基本事实"两点确定一条直线"的基础上确立"线段"这一核心概念，并用两个大写字母表示线段的方法，进一步拓展到射线和直线的表达方式，层层递进，使学生对本单元内部知识之间的关系一目了然。

以直观图示帮助学生明确不同"线"之间的区别，这样就可以让学生更好地参与本单元的课程知识学习，同时体现"大概念"的教学理念，实现对学生数学素养的培养。通过明确课程单元知识图示结构，将单元知识以整体形式呈现给学生，能让学生在分别掌握三种"线"的基础上对"线段"这一核心概念产生系统认知；在分辨不同"线"的过程中掌握每种"线"的使用技巧，形成相应的图形观念与思维；让学生将每种"线"灵活使用于日常生活中，使用数学知识解决生活中遇到的实际问题，凸显数学学科教学的现实价值。

综上所述，学科大概念是一种新颖的教学理念，需要从整体角度出发思考教材知识内容，将数学知识体系作为教学基础，以此展开教学设计，实施教学计划，构建科学的单元教学模式。在实施过程中，教师为了将学科大概念与单元教学相融合，需深入了解学生情况与教材知识内容，明确单元教学模式设计基础，提出具体的单元教学目标，为学生的学习指明方向。之后，教师需进一步构建知识框架，提出相应的数学问题，使学生能够获取数学知识，形成数学知识体系，达成教学设计中的学习目标，进一步实现学生数学核心素养及综合能力的培养。

参考文献

[1] 刘徽. "大概念"视角下的单元整体教学构型——兼论素养导向的课堂变革 [J]. 教育研究，2020（6）：64—77.

[2] 吕立杰. 大概念课程设计的内涵与实施 [J]. 教育研究，2020（10）：53—61.

[3] 顿继安，何彩霞. 大概念统摄下的单元教学设计 [J]. 基础教育课程，2019（9）：6—1.

浅析大概念核心问题的迁移性特征

——以线段、射线、直线课为例

刘秀屏

摘　要：数学知识可以串珠成网，数学方法万变不离其宗。大概念核心问题让我们从更高的维度去探究每个课时教学的"宗"之所在，再以单元核心问题以及单元之下的课时核心问题为载体，将课程内容情境化，学生在每个问题情境中不断对知识、方法进行迁移以解决问题，从而串珠成网，实现课程内容的结构化建构。

关键字：大概念核心问题；情景化；迁移性

2022 年 11 月，川大附中初中部教师研究学习了新教材实施下的大概念核心问题教学。在参与数学老师苑兴禹执教的线段、射线、直线（后文简称"三线"）大概念核心问题教学设计研究的过程中，笔者从一无所知的忐忑，到聚精会神的聆听，再到集体梳理的日益清晰，好像慢慢地对课程有了更多了解，在苑老师的"三线"大概念核心问题的课堂教学设计中，笔者印象最深的，还是他这一课的课时核心问题与单元大概念核心问题的迁移性特征，让笔者真实感受到如何"授人以渔"。

接下来，笔者将具体谈谈其迁移性。

这节课，苑老师设计的单元大概念核心问题是"观察生活中的物体，从中抽象出线段、射线、直线，运用游戏、作图、测量等方法，探究其基本性质，并用符号加以表达与运用，归纳探究基本平面图形的思路和方法，类比探究基本平面图形性质的方法，进而将其作为工具解决图形问题"。

一、数学知识的迁移

数学知识的理解和掌握特别需要"触类旁通"，这实际是对知识深入理解之后的迁移。要想实现知识的迁移，首先要对知识有深入理解，苑老师这一节课，首先关注了单元核心问题中的"观察生活中的物体，从中抽象出线段、射线、直线，运用游戏、作图、测量等方法，探究其基本性质，并用符号加以表达与运用"，将本节课的课时核心问题设计为"观察生活中的物体，从中抽象出线段、射线、直线，并下定义，作图探究其基本性质，并用符号表示"。苑老师是怎样实施核心问题的教学呢？他首先展示"金箍棒"的视频，再展示生活中的"三线"图片，给学生创设探究知识的问题情境。在核心问题的调动下，学生进行了观察，获取了"三线"是什么这一知识点。

在很多教师的观念中，这样一节课的知识就讲完了，接下来的常规教法，就是教师举例、示范做题，进入无限题海训练了。然而，苑老师的核心问题再次引出第二活动——作图。核心问题调动学生层层深入，从抽象到具体。这样亲历的过程，也为整个单元后续知识的学习提供了有效的路径。

二、解决问题方法的迁移

本单元教材的安排，是将线段、射线、直线、角、多边形、圆等每一个具体的知识点分为一小节的新课内容，围绕了解基本几何元素展开，引导学生在现实情境中认识线段、射线、直线，通过具体活动明确"两点确定一条直线"这一基本事实；通过比较线段长短的不同方法，明确方法的本质和数学表达；类比线段的比较方法，解决角的比较问题；最后在具体的情境中认识多边形、圆等基本平面图形的相关概念及性质。

教材对知识进行细化，本意是想清晰准确地帮助学生认识这些基本平面图形，并明确其基本性质。但是，如果直接逐条讲解，知识点繁多、零散，学生会疲于记忆，难以消化。

苑老师设计的单元核心问题，调动学生在每节课时都去"归纳探究基本平面图形的思路和方法，类比探究基本平面图形性质的方法，进而将其作为工具解决图形问题"，让学生掌握学习的方法。我们在苑老师的这一节课堂上，清晰地看到，学生在反思提升环节中，归纳出自己解决"三线"问题的思路方法：生活事物 $\xrightarrow{\text{抽象}}$ 几何图形 $\xrightarrow{\text{寻找特征}}$ 定义 $\xrightarrow{\text{基本事实}}$ 性质 $\xrightarrow{\text{推出}}$ 符号表示。

不仅如此，在单元核心问题的调动下，学生还能将这一方法迁移到角、四边形、圆的学习中，得到解决基本平面几何图形的思路和一般方法：具体图形、抽象定义、图形特征、符号表示、数量刻画、基本事实、性质判定。这正是从"形"到"数"、从感性到理性、从具体到抽象、从特殊到一般的研究过程，也是我们期望授之以渔的内容。

三、数学核心素养在迁移中落地

新课标提出发展学生的数学核心素养，让学生用数学的眼光观察问题，用数学的思想思考问题，用数学的语言表达问题。苑老师在应用反馈环节，设计了"为推动成渝地区双城经济圈发展，轨道交通网络的建设尤为重要，其中'成渝中线高铁'往返于成都和铜梁区两地，中途经过 n 个站点，则这条线路上应该设计几种票面"这样一个生活问题。学生在核心问题的调动下，首先用数学的眼光来看"票面"问题，抽象出线段问题，再用数学的思路解决问题，对本课所学习的相关知识和方法进行迁移，重历画线段、观察线段、表示线段的过程，从而解决这一问题。苑老师还将学生进行分组，小组合作交流，最后展示分享，鼓励学生用数学的语言表达世界。

四、实现知识的更多迁移

人们常说，数学的学习就是要"灵活"，灵活就是要会"举一反三"。而笔者觉得，数学知识可以串珠成网，数学方法万变不离其宗。大概念核心问题教学让我们从更高的维度去探究每个课时教学的"宗"之所在，再以单元核心问题以及单元之下的课时核心问题为载体，将课程内容情景化，学生在每个问题情境中通过不断地对知识、方法进行迁移以解决问题，从而串珠成网，实现课程内容结构化。但仍有问题有待我们进一步思考，如我们的单元核心问题能不能涵盖高中立体几何和解析几何？又应该怎样体现其迁移性？除了基本平面几何，初中数学中的函数、数与式、方程与不等式这些知识板块，又应该怎样探究其大概念核心问题？怎样体现其迁移性特征？这些问题仍值得我们继续探究。

立足核心大概念，"五育融合"促发展

——浅谈线段、射线、直线课的研究性

曹　润

摘　要："线段、射线、直线"一课基于大概念核心问题教学模式，以落实学科核心素养为目标，加强课程育人功能，从大概念核心问题教学角度出发，在具体教学过程重点体现出大概念教学的研究性：以研究的眼光发现问题，明确核心问题；以研究的思维分析问题，落实学科素养；以研究的语言提炼成果，彰显育人功能，从而在新课标背景下更助于学科实现"五育融合"，彰显学科育人的作用，提升学生的能力及核心素养。

关键词：大概念；核心问题；"五育融合"

一、前言

基于大概念的主题单元学习是核心素养教育背景下提出的新理念，"大概念"是学科的知识核心，能起到主领学科基础知识的作用，"五育并举"，融合育人，是新时代中国特色社会主义基础教育综合改革的重大课题，是贯彻党的教育方针和落实立德树人任务的重要途径。为顺应新时代中国义务教育发展，川大附中初中部基于"培养－研究型"大学附中办学特色，本着"全面发展，学会研究"的培养目标，通过对大概念下的核心问题教学进行反复实施、研究，使其符合学科课程学科性、情境性、活动性、研究性等性质要求，于2022—2023学年度开启校本教研讲座"新教材实施的大概念核心问题教学研究"，旨在更好地推进新课标背景下学科教学工作，落实学科核心素养，加强课程育人功能，围绕大概念展开的教学模式，更有助于"五育并举"，融合育人。

二、线段、射线、直线一课的教学实施

2022年11月，初一数学备课组苑老师围绕校本教研主题，着力从大概念和核心问题两个方面进行了教学设计，不断打磨，组内深入研究，确定了教案

的教学分析、教学实施、教学评价等内容。在 11 月 23 日，迎来本次校本教研课"线段、射线、直线"成果分享与交流。苑老师作为本次课的执教老师，围绕本课主题，组织全班学生开展"独思独做，生讲生学，共学组谈论"活动。

苑老师播放《西游记》中一段关于金箍棒的视频，提出了本堂课的核心问题：观察生活中的物体，从中抽象出线段、射线、直线，并下定义，作图探究其基本事实，并用符号表示。他选择一个小组的优秀代表回答了问题，学生从视频中抽象出了三种几何图形，苑老师给予了肯定。学生在独立思考中观察辨识出图形的特点，在评价中发现问题并及时进行调整。接下来三个小组的学生代表分别先独思独做，后在组内讨论，再通过上台展示，利用实验画图操作解决问题，明确基本事实，理解"三线"的符号表示。

苑老师引导学生进行课堂反思提升，总结本课所学内容，归纳本节课的数学知识和探究思路（生活事物抽象几何图形—找特征—下定义—基于事实推导性质—符号表示），体会本节课解决问题运用到的重要基本方法以及科学探究中实事求是的精神，最后学生台上展示，利用数形结合的数学思想，把知识应用到实际情景中去，这正是新课标下数学学科核心素养的体现。

整体来看，苑老师的这堂展示课生动活泼，内涵丰富，学生积极展示，符合学科教学特点，彰显了学科课程育人的独到魅力。

本次课程的整体推进完全符合大概念核心问题教学模式，符合学科课程的学科性、情境性、活动性、研究性的相关要求。学科性主要集中在探究基本平面图形的相关性质过程中。活动性体现在学生"独思独做，组内讨论"的活动中。情境性突出体现在课程开始的视频导入以及评价反馈中的学生展示解决实际生活中的车票问题中，体现出数学知识从生活中来，到生活中去的特点。研究性更是贯穿在整个课程当中，凸显出核心素养。本次课的推进使活动性融于情景性，以数学来源于生活开始，以数学应用于生活结束，彰显出本次课的研究性和学科性。

三、线段、射线、直线一课的研究性

从落实大概念核心问题的角度出发，笔者重点关注本次课程实施教学过程中体现出的研究性。什么是研究性呢？研究性就是指从课程内容看，在提出问题、解决问题、反思提升、评价反馈等一般研究环节中，既强调以学科的研究眼光发现并提出问题，又强调以学科的研究思维分析并解决问题，还强调以学科的研究语言提炼并表达研究成果；从课程育人看，注重学生亲历学科研究活动，在深度体验中积淀社会责任感、研究精神、实践能力等素养。

（一）以研究眼光发现问题，明确核心问题

教师播放《西游记》的一段视频导入课堂，学生认真看视频后，独立思考，观察视频中的实际物体，从中抽象出几何图形并下定义。虽然学生小学时已经对平面几何图形中的线段、直线、射线图形有了初步了解，并能准确描述出线段、射线、直线的区别和联系，但在图形表示、文字表示、符号表示的相互转换中无法准确地表示基本平面图形。为了让学生归纳总结出这些基本平面图形的相关性质，教师提供学生所熟悉的图形，便于学生直观观察，建立对基本平面图形性质的深刻印象，深度体验图形、文字及符号在相互转化中的关联。

（二）以研究思维分析问题，落实学科素养

在课程的学生活动二中，学生通过独思独做，思考在空白处经过点 C 可以画几条直线，在组内讨论得出直线的性质，再思考在空白处经过两点 A 与 B 点可以画几条直线。学生以实验操作形式分析问题、解决问题，体验其中的基本事实，培养学生敢于质疑、勇于探索、善于合作的研究精神；在画图形的过程中，培养学生动手能力，初步形成从直观到抽象的思想方法，体验实践是认识的基础。在整个活动过程中，学生进行了数学抽象、研究推理、科学论证，体现了学科的思维及核心素养。整堂课中每一个环节都在力求培养学生用研究的思维分析问题、解决问题，有效地落实了学科核心素养。

（三）以研究语言提炼成果，彰显育人功能

本次课中的学生活动三以点的表示为例，引导学生类比思考线段、射线、直线的符号该如何表示，体现出用数学的语言表达世界的学科素养。学生独立思考类比点的表示方法，基于活动二中的基本事实，理解"三线"符号表示，用数学语言提炼出研究成果。教师通过 PPT 展示学生成果和结论，给予建议和肯定。整个活动中，学生从事物的特征进行逻辑推理，体会科学探究中实事求是的精神，从而形成正确的人生观和价值观。这既可培养学生的思维品质，又可彰显学科育人的作用。

四、结语

新课程标准明确指出，应聚焦中国学生发展核心素养，培养学生适应未来发展的正确价值观、必备品格和关键能力，引导学生明确人生发展方向，成长为德、智、体、美、劳全面发展的社会主义建设者和接班人。本次课展示了答案，贯穿了新课标提出的基本原则，尤其是"培养学生适应未来发展的正确价值观、必备品格和关键能力"这一基本原则体现得较好，为我们以后的教学提供了参考。让学生学会研究，学会学习，提升能力和核心素养，才是教育教学应该追求的方向。在我们的日常教学中，也应该紧紧围绕新课标提出的新理念、新要求，结合我校的育人目标"全面发展，学会研究"，既为学生的现在发展负责，更为学生的未来发展负责，将"五育并举"的任务有效执行到位。

最后，课堂上还有一些细节方面有待改进。比如板书可以更加规范简洁，时间的把控上更合理。不过瑕不掩瑜，本次课给我们带来的更多的是启示和感悟：本次课能否在其他班级的学生身上成功复制，或者再进一步深入研究呢？如何将本节课的育人价值发挥到最大，让更多的学生受益，这是值得我们深思的问题。

参考文献

[1] 唐立军. 深入推进政府履行教育职责的督导评估护航教育改革与发展 [J]. 北京教育（普教版），2018（9）：15—20.

[2] 葛燕琳. 关注大概念 立足单元设计 发展核心能力 [J]. 地理教学，2019（15）：29—32.

再识研究性课程的"四性"要求

——以说明顺序的甄别与选用课为例

冯田园

摘　要：大概念教学与核心素养的目标在本质上是一致的，即转变学习的基本样态，从惰性的、浅表的学习走向活化的、可迁移的学习。在实施大单元整体教学时，如何利用核心问题教学模式充分体现出"四性"要求，是核心素养落地的关键。

关键词：大概念核心问题教学；研究性学科课程；"四性"要求

笔者向来偏爱说明文，因为它在内容上具有高度的科学性，在结构上具有清晰的条理性，在语言上具有严密的准确性。统编版初中语文教材在八年级上下册各安排了一个单元的说明文阅读与写作，侧重点分别为说明文的特征与说明的顺序。方玥老师执教本课，将课时大概念归纳为"说明顺序的本质与选用准则"，引导学生运用逻辑思维厘清事物或事理的内在逻辑顺序，并按时间、空间、逻辑的形式加以运用，从而发展学生在阅读与写作观中的顺序观。本节课的核心问题是"研习语文学习报说明文选段，探析说明顺序的本质及选用的基本准则"。

基于 2022 年 11 月两节校本研修公开课以及 2023 年 5 月的研修课带给笔者的对于研究性学科课程教学设计中"四性"的体验，笔者的教学观受到了强烈的触动。

一、情境性的彰显

方玥老师借助学校宣传片拍摄的真实情境，在提出问题环节便点明宣传片的摄制是为了向别人介绍学校，那么脚本的内容应属于说明文的范畴，因而本节课是围绕"说明顺序的恰切性"进行研究学习的。这样的教学设计注重将学科知识与学生真实的生活相关联，实现学科育人功能。在解决问题环节，通过《中国石拱桥》选段，学生知道了针对发展变化的事物，说明时选择时间顺序最为恰切；通过《大自然的语言》选段，学生知道了逻辑顺序最为恰切的使用情景；通过《蝉的穴》选段"周围""外面""底部"等字眼，学生明白在描述静止不动的物体时，空间顺序是最为恰切的。

本节课在情境性方面最出彩之处便是反思提升环节的教学设计。通过虚设人物对《黑暗中的苦工》《核舟记》两个选段的说明顺序进行改写，对比原文的说明顺序，引出矛盾，引发学生思考——为何《黑暗中的苦工》一文并未按照"蝉卵""幼虫""土中的蝉""成熟的蝉"的时间顺序说明而是先写"成熟的蝉"？为何《核舟记》中并未按照"船头""船中""船尾""船背"的空间顺序说明而是先写"船中"？学生略微思考，便得出了准确的结论：选用哪种说明顺序不仅要看说明对象的特征，更重要的是要兼顾说明内容的侧重点和读者的认知规律。强调"苦工"就应该侧重于成年后的蝉，船的形状决定了人的直观视线会先落在船中。

学生基于以上三个环节的结构化情境学习体验，顺畅自然地将本课时的概念结论、思想方法进行了外显表达和内化吸收，阅读写作的顺序观也得到了强化。这一点在后续的学生迁移运用环节得到了很好的印证。四个小组的学生根据老师提供的照片素材，根据所学到的说明顺序的准则，根据自己的理解，形成各自的脚本内容进行展示。每个小组的说明都有理有据，最后的评价中都认为自己的脚本是最佳的，这样的结果最终揭示出本课时的大概念——只要你的说明顺序能符合你的说明目的，它就是恰切的。

四个环节的巧妙安排，使得"情境性"得以有效达成。教学从"学生为学校宣传片制作脚本"这一生活实践情境中发现"说明顺序"这一重要的实际问题，在"语文学习报三篇选段"这一学习探索情境中解决问题。学生在全身心的情境融入中，获得对说明顺序的本质与选用准则的深度体验。

二、实质性的彰显

说明文的写作一般不会只用到一种说明顺序，这是因为作者想要进行说明的对象往往不止一个方面的特征。三篇文章节选用事例典型，浅显易懂且生活化，使得本课时学科知识的本质能够被学生轻松地掌握；两个改文的设计对比强烈，将本课时的学科概念结论、思想方法从学科表层走向学科深层，抵达学科知识本质。在四个小组展示的脚本设计中，均将学校建筑介绍放在了第一的位置，学校的各种课程放在了第二的位置，学校的各种活动放在了第三的位置，相同的选择体现出本课时学科知识的本质被同学们切实掌握。而不同之处又在于每个小组对于同一内容的不同照片的介绍顺序安排，比如第一小组在介绍校园活动时，按照具体活动发生的时间先后顺序，足球赛在前，篮球赛在后；而第二小组则是按照规模大小将运动会放前面，艺体科技节放次位，往后才是小项目的比赛。不同的选择是因为各小组对自己想要说明对象的侧重点不同，但只要符合他们各自的说明目的，这些不同的选择都是恰切的。

不难看出，学生已经通过本课时的学习在学科大概念的生成、理解与运用中形成了学科观念、学科思维与学科方法，也在活动参与与体验中积淀了人文底蕴和科学精神。

三、研究性的彰显

关于研究性，笔者想从教师和学生两个角度来谈谈自己的感受。

教师方面：方玥老师在设计本节课的时候是下了大功夫的，教材在本单元的内容安排上有两篇必学课文，分别是《大自然的语言》与《阿西莫夫短文两篇》；两篇选学课文，分别是《大雁归来》与《时间的脚印》。方玥老师并没有囿于教材安排的学习材料，而是充分挖掘了八年级上、下两期教材的所有内容，裁选了 4 篇文章，分别是上册第五单元的《中国石拱桥》《蝉》，下册第二单元的《大自然的语言》以及第三单元的《核舟记》。为何有如此的选择呢？笔者认为方玥老师是为了实现大概念核心问题教学课程所注重的"情境—问题—素养"闭环中的技术范式与缄默创生的有机统一。"桥""蝉""船"三种具象的情境十分贴近学生生活，学生有缄默知识的支撑，才能更加顺利地以学科的研究眼光发现并提出问题，围绕核心问题以学科的研究思维分析并解决问题，并能以学科的研究语言提炼并表达研究成果，从而实现学生核心素养的提升。学生在不到 10 分钟的时间完成了说明顺序的选用准则的探究结果，合理的学习材料组织充分体现了方玥老师对于大概念教学的研究是颇有成效的。

学生方面：本节课学生的表现同样出彩。在四个小组分别展示其脚本设计时，充分显示出了他们对现实情境的研究性。比如第二小组按"五育并举"之"德智体美劳"的顺序对"德育之星评比""机器人大赛和物理小发明""体育、美术、劳动课程"进行准确分类。第三小组则是按所有课程中的必修课程与选修课程进行分类，再按学习课程的先后顺序分类，如果不是对学校课程体系有深入研究，这个说明顺序恐怕不太有可能呈现。四个小组按照从整体到局部、由外到里、由小到大等顺序对校园建筑进行介绍，能看出学生对学校的各个角落有清晰的认知和研究。

一节课的研究性体现在各个细节处，充分的研究性对实现学科育人至关重要。只有认真研究，注重让学生亲历学科研究活动，才能让学生在学会研究中积淀社会责任感、研究精神、实践能力等研究素养。

四、关联性的彰显

本节课注重以大概念"说明顺序的选用准则"为结点建构自然（桥、蝉、船等自然具象）、社会（校园宣传片的脚本）与语文学科核心素养（阅读与写作观、理论联系实际等）之间的内在联系。

从学科知识看，本节课的概念结论、思想方法、价值观念等大概念间的关联恰当，使得教学内容结构化。针对学科大概念的内容选材贴近学生实际生活，充分体现了课程与实际情境的关联，以核心问题为引领，使学科内容情境化。从学科育人看，课程既注重学科知识与学料核心素养的关联，又注重问题情境、学科大概念生成运用与学生活动认知体验的关联，促进学生在对关联的深度体验中自主发展，学会学习。

基于大概念的单元整体教学打破了传统的以知识为中心的碎片化、低层次教学模式，重视纲领性指引的结构化、迁移化、整合化的教学。大概念在单元整体教学中帮助教师确定教学目标、明晰评价任务、优化教学资源、设计教学流程、组织教学活动，给予学生思考与探究的空间，引领学生围绕大概念沉浸体验学习过程，开展有意义的深度学习，使教学从"知识传递"走向"知识建构"，全面提升学生核心素养，落实立德树人根本任务，实现学科育人的教育目标。前瞻性的眼光根植于对教育本质的精准把握，笔者也希冀自己能在未来的教育教学研究中，借校本研修之东风，扶摇直上九万里！

参考文献

[1] 屠莉娅. 走向真实世界的活学活用：素养视域下的大概念及其教学转型 [J]. 教育发展研究，2022（12）：81.

[2] 吴刚平. 为素养而教：大概念教学理论指向与教学意蕴 [J]. 比较教育研究，2022（4）：62—71.

"欧洲西部：现代化的畜牧业"教学设计

程秀荣

《义务教育地理课程标准（2022 年版）》提出，地理课程目标要围绕核心素养，体现课程性质，反映课程理念。在地理课程标准和大概念单元教学的指导下，笔者开展以"欧洲西部：现代化的畜牧业"为课例的新教材实施的大概念核心问题教学研究，以大概念为核心，以主题为引领，使课程内容结构化、情境化，引导学生发现问题，采用多种方式解决问题，反思提升，将所学知识进行迁移并加以应用，最终培养学生的学科核心素养。

一、教学分析设计

（一）教材课标

课程标准分析：

《义务教育地理课程标准（2022 年版）》提出，地理课程培育的核心素养有人地协调、综合思维、区域认知和地理实践力。地理课程以提升学生核心素养为宗旨，引导学生学习对生活有用的地理、对终身发展有用的地理。本节课是第八章第二节《欧洲西部》的第二课时，对应的内容要求是：能够运用地图及其他地理工具，从地理位置、地理事物的空间分布、人与自然的关系等角度，描述并简要分析某地区的主要地理特征；形成从地理视角看待、探究现实世界的意识和能力。

由此可知：本节课教师可以设计阅读欧洲西部的地图和文字材料、观看视频等活动，引导学生描述欧洲西部的地理位置，从畜牧业发达这个角度分析当地的自然环境与人类活动的关系，归纳出地形、气候等自然地理特征，引导学生掌握区域地理学习的方法，提升核心素养。

教材内容分析：

教材第七章以东南亚、印度的种植业为例说明自然环境对人类农业活动的影响，而畜牧业也是农业的一个重要部门，欧洲西部的畜牧业高度机械化、自动化，在畜牧业中具有代表性。教材《现代化的畜牧业》这一节是从人们餐桌上的乳畜产品展开的，贴近生活，符合学生学习对生活有用的地理的课程标准理念。教材中的活动有：阅读相关材料和地图，归纳欧洲西部自然条件对发展畜牧业的影响，引导学生通过"问题解决"的方式进行学习，在探究自然环境对畜牧业发展的影响的过程中，培养学生的区域认知、地理实践力、综合思维和人地协调素养。

（二）大概念

	课时大概念		课时概念梳理				
	简约化表达	特征化表达	概念结论（小概念）	思想方法	特征化表达	价值观念	特征化表达
课时一	欧洲西部现代化的畜牧业	欧洲西部多数国家农业以畜牧业为主，产值高，畜牧业高度机械化和自动化	1. 欧洲西部的位置特点；2. 欧洲西部的地形、气候条件适合发展畜牧业；3. 欧洲西部畜牧业生产具有产值高、机械化、自动化特点	地图法综合思维区域认知	学生阅读图文资料，结合区域认知方法，利用综合思维探究欧洲西部地形、气候特征等自然条件对畜牧业的影响、社会经济条件对畜牧业的影响	人地协调观	以人类与地理环境相协调的价值观念，指导探析欧洲西部畜牧业发达原因

（三）资源条件

文本类资源：

教材、学案：通过教材，让学生了解本节课的主要学习内容；通过导学案，让学生围绕问题进行探究合作学习，突破重难点；通过导学案检测学生学习效果，最终落实学生核心素养。

板书：板书学生解决问题、反思提升过程的要点。适时适当的板书利于学生建立知识结构，归纳思想方法和价值观念。

信息技术类资源：电子地图可更加立体、直观地展示学习区域的位置、地形。

教师通过多媒体课件，增强教学的直观性，丰富教学内容，营造良好的学习氛围、提高课堂效率。

（四）学生基础

七年级学生已经学习过亚洲的位置和自然环境，对于区域认知有一定的基础，具备基本的区域研究能力，能从空间位置、地理环境角度分析自然地理特征，从人地关系角度分析种植业发展原因，但是对自然地理特征对畜牧业的影响、社会经济条件对畜牧业的影响不了解，分析、归纳地理信息、迁移学习能力还不强。因此，教师在教学中应该创设一定的情境、任务和问题，引导学生思考，借助地图、图片、视频等具体、形象的工具，通过自主学习和合作探究形式，为学生学习提供支撑，提高学生综合思维和区域认知思维能力。

（五）教学目标

学生参与观看康康打卡足迹、归纳欧洲西部自然特征、探究畜牧业发展优势条件等活动，能描述欧洲西部自然地理特点并结合该地区地形、气候等自然地理要素及社会经济条件，分析畜牧业发展的优势条件，体会地形、气候与人类活动的相互影响，树立人地和谐、因地制宜的农业发展观念。

（六）核心问题

核心问题：跟随康康打卡足迹，运用图文资料，归纳欧洲西部自然地理特征，探究发展畜牧业的优势条件。

设计思想：为了落实新课程的理念，将学生地理核心素养的培养落到实处，教师用大概念统领单元教学内容，在学生已有的区域知识基础上，培养其地理实践力。本节课的核心活动设计为借助图文资料，让学生通过自主学习、合作探究等方式，探究畜牧业发展与当地自然地理特征的关系，由此体会到人地协调观、地理实践力、区域认知、综合思维在观察、分析、解决地理问题中的重要作用。

（七）评价预设

提出问题环节：展示学生在超市发现欧洲西部主要出口牛奶的视频，提出核心问题，激发探究的动机与兴趣。

解决问题环节：

（1）充分鼓励学生发言，不要给予诊断性评价，更多地引导学生体验地形、气候等自然地理要素和人类活动的关系。

（2）在学生对地形与气候、位置与气候等地理要素之间的联系理解不够时，教师应该适度引导。

（3）在进行评价时，要对学生的积极性、语言的规范性和准确性等方面进行综合评价。

二、反思提升环节

让学生回顾畜牧业发达的优势条件，进一步总结学习方法，在整个活动过程中，引导学生体会综合思维、区域认知思想、人地协调观念在具体区域的体现，从而提升学生的地理学科核心素养。

三、运用反馈环节

进行反馈提升，理论联系实际，运用所学知识方法分析解决问题。

（一）教学环节

教学环节（时间）	学生活动		教师活动	设计意图	技术融合
提出问题（3分钟）	观看本班学生在超市发现欧洲西部主要出口牛奶或奶粉的视频，引发思考，进入问题情景		视频导入：学生在超市发现很多来自欧洲某国的牛奶和奶粉，由此引出主题，提出核心问题——跟随康康旅游打卡足迹，运用图文资料，归纳欧洲西部自然地理特征，探究发展畜牧业的优势条件	观看学生自制视频，了解欧洲某些国家的牛奶和奶粉，贴近生活，易于激发学生的学习兴趣，让学生对将要学习的内容产生期待，明晰核心问题	制作并展示同学在超市发现欧洲某国出口的牛奶和奶粉的视频
解决问题（28分钟）	活动一：观看康康朋友圈打卡，归纳欧洲西部自然特征，探究畜牧业发展的自然优势	1. 观看康康朋友圈打卡图片，倾听康康分享美食体验。2. 小组合作归纳自然特征，探究发展畜牧业的自然优势	1. 展示康康去欧洲西部旅游发布的美食图片，并请康康现场为大家讲解欧洲西部美食及畜牧业发达程度。2. 引导学生归纳欧洲西部自然地理特征，探究畜牧业发展的自然优势	贴近生活，易于融入情景，在探究畜牧业发展的优势条件的过程中，体会自然环境对人类活动的影响	PPT出示康康的朋友圈资料。PPT展示气候、地形、位置图
	活动二：思考欧洲西部畜牧业发展的其他优势	1. 观看朋友圈农场并倾听康康讲解农场体验。2. 思考发展畜牧业的其他优势	出示朋友圈农场打卡资料，请康康为大家讲参观农场的经历	观看图片，结合康康讲解，学生的代入感更强	PPT展示朋友圈农场打卡图片，PPT出示农场情况、养牛视频

教学环节（时间）	学生活动	教师活动	设计意图	技术融合
反思提升（5分钟）	师生共同反思核心问题解决过程，归纳总结本节课的收获，提升出本节课的新知及思想方法	引导学生归纳总结知识，在理论、思维上上升一个台阶，掌握区域地理的学习方法、具备人地协调观	板书形成	
评价反馈	运用反思提升环节归纳出的研究方法完成相关试题	PPT展示问题：思考呼伦贝尔发展畜牧业的优势	将所学的知识和方法应用到具体的生活中，培养学生解决实际问题的能力	PPT展示经典有机牛奶的宣传图片及产地；PPT展示呼伦贝尔的相关图文资料

（二）板书设计

欧洲西部——现代化的畜牧业

核心问题：

跟随康康同学旅游打卡足迹，运用图文资料，归纳欧洲西部自然地理特征，探究畜牧业发展的优势条件。

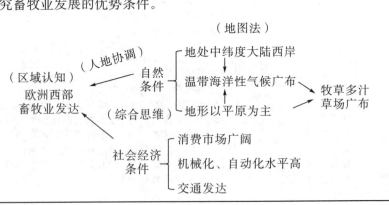

（三）教学流程图

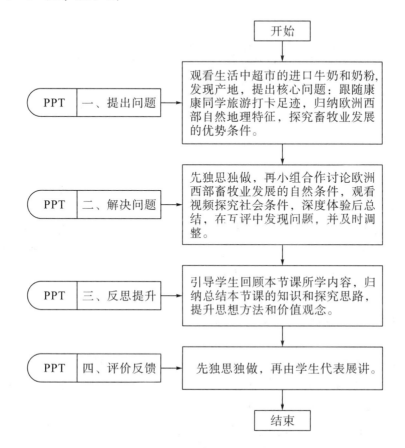

培养地理综合思维，树立人地协调观念

——以欧洲西部：现代化的畜牧业课为例

陆 薇

摘 要："欧洲西部：现代化的畜牧业"课程的主题为欧洲西部的自然和社会经济条件对区域发展的影响。授课教师通过情境育人和展示关联育人的方式，让学生深入理解欧洲西部现代化畜牧业的自然和社会经济条件，逐步探讨如何实现区域经济的发展。课程采用多种教学方法，培养了学生的综合思维能力和实践研究能力，体现了学校"五育并举"的研究性课程体系的理念和"培养－研究型"大学附中的特色。

关键词：欧洲西部；现代化畜牧业；自然条件

《普通高中课程标准（2017 年版 2020 年修订）》明确指出教学应以学科大概念为核心，以主题为引领，促使课程内容情境化、结构化，促进学科核心素养的落地，有效改变传统课堂知识碎片化、活动形式化、教学效果不佳的问题。《义务教育课程方案（2022 年版）》强调素养导向，提出要深化教学改革，探索大单元教学，开展综合性教学活动，将所学知识有效迁移运用于生活实际，促进学生终身、全面发展。

大概念是核心素养的重要抓手，是将核心素养落实到教学的关键锚点，反映了专家思维，具有很高的迁移性。

川大附中初中部历年开展核心问题教学的相关研究，为使新教材中的学科核心素养落地，本校于 2022 年秋季将核心问题与大概念研究相结合，开展"新教材实施的大概念核心问题教学研究"，旨在促进学生在结构化的学科问题研究中，培养高阶思维，实现系统整合，发展以研究素养为内核的核心素养，在课堂教学中落实育人目标。2023 年 5 月我校地理组程秀荣老师带来了一节地理学科开发实施的课程"欧洲西部：现代化的畜牧业"。

一、课程回顾

课堂上程老师播放的视频展示了贴近生活实际的情境：学生逛超市时在奶制品区发现进口牛奶和奶粉中欧洲西部某些国家占比较多，推测当地畜牧业发达。由此引出主题，提出核心问题：跟随康康旅游打卡足迹，运用图文资料，归纳欧洲西部自然地理特征，探究发展畜牧业的优势条件。在学生明确课堂任务的基础上，程老师分享了学生康康去欧洲西部旅游发表的朋友圈美食打卡图文资料，并请康康同学讲解欧洲西部美食以及畜牧业情况，以直观的数据展示了当地畜牧业的状况。接下来程老师请各小组讨论归纳欧洲西部的自然地理特征，探究其畜牧业发展的优势条件。各组的学生认真思考，踊跃举手发言，提出有自然条件和社会条件。接下来程老师引导小组合作，根据导学案讨论归纳欧洲西部自然地理特征，探究优势，在电子地图上勾画分享。通过这一活动，学生对畜牧业发展受地形、气候等影响有了进一步的认识。

接下来康康展示了朋友圈打卡的农场面积和放牧安排、农场现代机械化管理视频、乳产品生产流程等。当地人喜欢喝牛奶，但劳动人口稀少，由此请学生思考影响畜牧业发展的其他因素。学生分析：当地科技发达，生产高度机械化和自动化，交通发达便捷。一系列活动提升了学生的区域认识、综合思维等地理素养。

接下来程老师引导学生反思归纳本课区域地理学习的一般思路和解决问题的思考方法，得出发展畜牧业适应当地的自然环境，自然环境影响人类的活动，同时人类的活动也在改造自然环境的认识，这就要求在发展经济时要做到人与自然和谐共处，人地协调。

那其他地区是否也这样？在运用反馈环节，程老师引导学生将所学知识运用于解决生活实际问题：请学生思考金典有机奶产地呼伦贝尔发展畜牧业的优势。各组学生认真思考合作完成导学案，上台展示学习成果。学生分别从当地气候、水系图、地形图、交通、消费市场和政策支持等方面客观分析其优势。

本堂课各环节展示精彩，活动具有情境性、趣味性、层次性、综合性，同时学生之间积极互动，活学活用，在活动中通过综合分析归纳，内化和迁移，培养了地理分析应用能力，最后创新性地运用于学科与生活情境，落实其核心素养，树立了人地协调的价值观念，使学生更加热爱生活热爱地理。观课者也从活动设计和学生的分享中收获颇多。

在讨论、探究、归纳欧洲西部自然特征优势环节，第三组学生通过气候类型图得出欧洲西部属于温带海洋气候，气候温和湿润，适合种植多汁牧草。请其他组补充时，有学生提出疑问：当地还可种植水稻和小麦，那为什么没有种植水稻和小麦呢？第三组学生根据所学的水稻和小麦知识进行分析讲解：小麦喜欢长日照，而水稻喜欢高温多湿的气候和短日照，因此欧洲西部温和湿润的气候并不适合水稻和小麦的生长。这一环节体现了学生的辩证分析能力。

本堂课全员深度融入、活动性强、研究度深，清晰地展示了欧洲西部发展现代化畜牧业的自然条件和社会经济条件，提升了学生的区域认知能力和人与自然和谐共处的人地协调观。本课的设计促进了学生全面综合的发展，充分体现了学校"五育并举"的研究性课程体系的理念，彰显了"培养－研究型"大学附中的特色。

二、感知情境育人

作为日常生活中的必需品，新鲜美味的牛奶十分重要。欧洲西部奶制品产量高有哪些优势条件呢？程老师通过设计贴近学生生活的探究活动，让学生浸润在地理研究中，将所学知识与本课内容有效地结合起来，培养学生地理学科综合思维能力，发展学科核心素养。最后通过分析生活中的金典有机奶产地呼伦贝尔大草原，请学生找出其发展畜牧业的优势条件。学生分别从地理、气候、水源、经济、政策扶持等方面提出了看法，进一步深化了对产业顺应自然条件、自然条件促进产业发展的认识，培养了学生的综合思维能力。

三、展示关联育人

在一系列关联极强的研究中，学生全员全程积极参与，通过研究学习、梳理总结、小组展示、再深化运用等活动，进行深度学习。各活动层层关联，环环相扣。程老师的设计注重学科知识与地理核心素养的关联，注重地理知识与学生真实生活、自然和社会的关联，层层递进的活动展示了学生的个体思考以及团体协作的学科研究能力，发展了学生的地理综合分析能力以及对于不同地域的理解能力。在每一次利用所学学科知识解决学科和生活实际问题的过程中，学生更深入地理解何为区域地理，何为人地协调，体验到了自然之美。活动提高了学生的地理学习兴趣，促进了地理学科核心素养的落地，也体现了学生对地理、政治、经济、社会间相互关联的深度理解。

四、达到本质育人

通过学科知识的学习以及综合应用，学生将学科表层知识建立联系，形成学科思维，将学科观念融入自己的立体空间网络，形成学科深层知识网络，深度理解学科本质。在"欧洲西部：现代化的畜牧业"系列学习中，学生在学习分享活动中，培养了根据已有地理知识，从多个角度客观分析地理情况的综合思维能力。在分析欧洲西部畜牧业发展优势的环节，学生从自然优势和社会经济优势方面分析，将学科区域认知知识有效运用于分析学科具体问题中，亦体现了学生的空间逻辑思维，培养了学生的人文底蕴、客观理性的科学精神。

五、体验研究育人

课程通过引导学生利用地理知识对欧洲西部的地理优势进行多维分析思考讨论。分享环节各组学生从不同的视角进行补充和提问，使分析结论更加完善。在一步步活动中，学生讨论分析，分享补充，总结梳理，思考讨论，再分享……完整体现了学科的研究性和学生的地理研究思维。解决问题环节，学生对呼伦贝尔大草原的优势进行了多角度分析，培养了学生的研究精神和实践能力；培养学生对于自然环境和社会环境的融合认知，树立社会责任意识，尊重和顺应地域规律，因地制宜发展。

六、改进建议

当然，课堂上仍有一点小细节有待改进。课上程老师带领学生分析欧洲西部的优势条件，学生进行了回答，教师的评语可以更加细致专业。此外分析西部地域广阔、劳动人口稀少、机械化这一情况时的参考数据较为抽象。在此笔者提出两点小建议：

（1）对于每个学生的回答，如果教师从地理学科方面有针对性地进行评价点拨，分析其回答具体好在哪里，评价学生分享的角度，将对学生起到更好的示范作用。

（2）如果可以举例具体，如 50 公顷也就是 650 亩，对应 50 多个足球场的面积大小，数据更加直观，学生可以进行联想，相信对于发展畜牧业的客观情况感触会更深刻。

不过，这些问题瑕不掩瑜，学生的分享很好地呈现了本课对于"欧洲西部：畜牧业发展"的研究过程。过程中学生应用地图法、联想法以及地理综合思维，在层层螺旋上升的活动中培养了学科核心素养、沟通表达能力、合作能力和迁移创新能力，推动地理学科核心素养的落地。

坐观欧洲之旅，细解大概念核心问题教学难题

满 香

摘　要：新课标背景下，地理学科更加重视围绕大概念展开的结构化教学，有利于引导学生掌握探究地理问题的基本方法和手段，能够切实培养学生在真实情境中解决问题的能力，激发学生地理学习的兴趣和体验感。

关键词：新课标；大概念；结构化教学

义务教育阶段新课程标准的颁布，强调了新一轮课程改革对人才培养新的要求：以大概念统整学科内容，以主题为导向，促使课程内容结构化和情境化，提升学生的核心素养。大概念指能够联结众多知识的核心。在学科教学中，学科大概念能反映学科本质，有较为广泛的适用性和解释力。结构化教学注重条理、知识间的相互关联，引导学生以一种层次网络结构储存知识。这无疑是一个逐渐积累、归纳、整理知识的持续性、关联性过程。川大附中初中部的程秀荣老师设计的"欧洲西部：现代化的畜牧业"一课，以"奶制品产源发现—欧洲旅游介绍—探究自然和社会条件优势—归纳本课知识图谱和思维方法—分析我国的畜牧业发展"的教学思路展开，引导学生学习地理知识、探索知识点之间的关联，较好地实现了对学生联结能力、建构能力的培养，彰显了"五育并举"研究性学问课程的情境性、本质性、关联性、研究性。

一、巧妙运用旅游情境，从主观印象走向客观事实

本节课设计的旅游主线突出了地理教学的情境性。程老师首先用一则视频导入课堂，展示了真实生活中超市牛奶的来源，引导学生发现不少奶制品来源于德国、荷兰、爱尔兰等欧洲国家，从而形成"欧洲畜牧业好像十分发达"的主观印象。"欧洲西部是如何发展畜牧业的"这一疑问出现，自然引出本节课的核心问题："运用图文资料，归纳欧洲西部自然地理特征，探究畜牧业发展的优势条件。"落实核心素养的大概念教学重点在于学生的参与感，即对教学情境的代入感。程老师加入"跟随康康同学旅游打卡足迹"这一教学设计，巧

妙地将学生与本节课的学习内容联系起来，使学生转换视角、主动化身为欧洲西部畜牧业的探索者。为增强情境的真实性，班级中网名为"康康"的学生以微信朋友圈为载体展示了自己在欧洲旅行时的所见所闻，包括当地的饮食习惯、"欧洲西部 2020 年畜牧业产值占农业总产值的比重"等，由此学生们确认了"欧洲畜牧业确实十分发达"的客观事实。

以上过程作为本节课的导入与问题提出环节，引导学生以新的视角切入课堂，有效地体现了学科知识与真实生活、社会和生产等情境的整合，这种具有社会性的真实情境有利于引起学生的共鸣，使学生的学习行为真实而自然，达成有效教学。

二、立足课堂教学关键点，结构化探索地理知识

继"欧洲西部畜牧业到底怎样"的问题提出后，"欧洲西部畜牧业为何如此发达"是学生们本节课主要探讨的问题。通过学生活动一，各小组从自然条件和社会条件两大方面切入。各小组在导学单的引导下合作讨论，归纳欧洲西部自然地理特征，探究畜牧业发展的自然优势，再由小组代表分享讨论结果。学生在讲台上结合电子白板边讲解讲批注，有理有据地分析出了欧洲西部的世界位置、海陆位置、经纬度位置，欧洲西部的地形优势如南北高、中部低、平原多、草场大，当地气候条件有利于牧草生长。沿着康康的旅游主线，课程以图片和视频的形式向大家展示了欧洲农场的现代化机械设备在种植牧草、收割晾晒、制作饲料、清洁农场等场景的应用。活动二启发学生思考欧洲畜牧业发展的社会条件，即人口、科技和交通条件对畜牧业发展的影响。

程老师给予了学生充分的探索空间，在问题情境下使教学内容结构化。经过 6 分钟左右的积极讨论，学生展示出了多角度综合性分析问题的地理素养，从学科表层走向学科深层知识的本质。同时程老师根据学生的发言分享作补充归纳、整理板书。整个探索学习的过程让学生的目光走出课本，思想走出课堂，落实地理学科核心素养。

三、反思活动进展，建构学科知识体系

基于以上阶段的课堂地理旅游，学生对欧洲西部形成了新的认识。程老师根据板书带领学生回顾获取知识的过程，梳理本节课学习过程中运用到的方法，引导学生反思知识的本质，厘清学习脉络，总结地理学习方法。引导学生思考各要素之间的关系，例如地形影响气候、气候影响牧草生长等。最后，程老师总结得出人类活动与畜牧业发展相互影响，提出发展经济的时候要人与自

然和谐共处，引导学生树立正确的发展观念，实现科学育人。

学生学习能力与学习结果的重点在于其脑海中的知识层次性分布、异同点关联情况。本节课学生通过探索形成了一定的知识概念图，教师的及时梳理、总结归纳能够避免学生出现知识混淆、知识遗漏的学习问题，帮助学生从具体活动中掌握思想方法，构建核心素养知识。

四、关联生活实践，形成研究性学习的闭环

本节课的欧洲畜牧业发展探究来源于学生对日常生活的发现，程老师引导学生回归本质，利用已有的学习方法分析我国呼伦贝尔畜牧业发展的优势，使得课堂学习内容既来源于生活，又服务于生活，促进知识迁移。课程中学生能够熟练地运用水系图、地形图、经纬度等地图法辅助分析呼伦贝尔的自然条件和社会条件。同时教师及时纠正学生的口误，反馈学生表现，扮演引导者的角色。

大概念下的知识结构化教学要为学生树立正确的层级概念，不仅要加强地理学科知识与思想方法的横向联结教学，还要加强学科知识与现实问题的纵深拓展教学。由情境到问题再到素养，良好的闭环学习有利于培养学生的综合性学习思维。课程既强调了以学科的研究眼光发现问题，也强调了以学科的研究思维解决问题，这种学科知识结构教学能够有效促进学生的学科能力和核心素养。

综上所述，本节课以核心问题为引领，使地理内容情境化。学生依据相关问题在教师的引导下以小组形式展开探究，获得了沉浸式的学习体验和研究学习成果。

五、建议与总结

知识建构和迁移应用是大概念核心问题教学的重要关注点，本堂课的应用反馈部分直接抛出了"中国呼伦贝尔发展畜牧业的优势分析"问题，虽有利于学生运用所学，但问题情境过于相似。或许可以考虑延长问题情境、扩大思考层面。例如给出多个我国发展畜牧业的地区，由学生自行判断其是否适合畜牧业发展，由学生做出判断、提出观点、给出论据，加强对关联学习的深度体验。

地理学科是一门结合自然现象和人文现象的现实性学科，本节课基于旅游主线设计，以真实的情境展开教学，又在真实情境中迁移运用知识，按照逻辑线索层层递进，使得教学内容结构化、学生的知识建构发生深层变化，印证了

程老师在本课最后对学生的期许：从日常生活发现地理知识，由地理知识回归真实生活。

参考文献

［1］中华人民共和国教育部. 义务教育地理课程标准（2022 年版）［S］. 北京：北京师范大学出版社，2022.

［2］李刚，吕立杰. 大概念课程设计：指向学科核心素养落实的课程架构［J］. 教育发展研究，2018，38（Z2）：35－42.

［3］张萌，陈旭远. 知识结构化教学的实践策略［J］. 教育理论与实践，2023，43（11）：43－46.

［4］裴娜娜. 教学情境的真实性对促进中学生地理核心素养的养成研究［D］. 石家庄：河北师范大学，2018.

［5］杨叶，顾成云. 基于概念图的地理知识结构分析和学生学习诊断——以"三圈环流"为例［J］. 地理教学，2021（12）：25－28.

以大概念核心问题教学提升学生地理核心素养

——以欧洲西部：现代化的畜牧业课为例

姚丽萍

摘　要：学科大概念教学对于促进学生学科知识的建构、高阶思维能力的培养、问题的解决以及知识迁移能力的提升具有促进作用。大概念核心问题教学注重学生核心素养的培育，其精髓指向真实问题的创造性解决，对落实学生全面发展、学会研究的学习素养发展具有重要意义。大概念核心问题教学能更好地调动学生积极性，以解决实际生活中的复杂问题，更好提升学生的学科核心素养，实现立德树人的育人目标。

关键词：大概念；核心问题教学；地理核心素养

2022年9月，川大附中初中部组织全体教师学习了"新教材实施的大概念核心问题教学研究（二）"专题，为老师们全面实施新课程、新教材、提升教育教学质量提供了很好的范例。面对时代变化，社会对人才的需求不同，教育的改革势在必行。经过一学期的教学实践，2023年3月校本教研重心转移到大概念教学实践的难点突破上。

新课标提出，要重视以学科大概念为核心，使课程内容结构化，以主题引领，使课程内容情境化，促进学科核心素养的落实。大概念能调动相应的知识和技能解决实际问题，大概念是学科核心素养形成的关键。大概念教学可以有效地在学生和学科核心素养之间构建联结。学科大概念的教学对于促进学生学科知识的建构、高阶思维能力的培养、问题的解决以及知识迁移能力的提升具有很好的促进作用。大概念教学的育人价值追求注重对学生核心素养的培育，其精髓指向真实问题的创造性解决，从而落实使学生全面发展、学会研究的培养要求。

一、课程回顾：大概念核心问题教学模式设定

课前，教师展示学生发现超市里有进口牛奶、奶粉、牛肉等奶制品和肉制品的视频，以康康同学的实地打卡为例进行导入。

课上，教师以康康足迹为主线将整堂课串联起来。以朋友圈打卡美食，引出地理学科问题，以小组合作的方式归纳出欧洲西部的自然特征（位置、地形、地势、气候），探究欧洲西部发展畜牧业的自然地理优势。随后引导学生思考发展畜牧业需要的社会经济条件。随后师生共同反思核心问题的解决过程，归纳总结本节课的收获，在理论、思维上进行提升，使学生掌握区域地理的学习方法（地图法、区域认知法、综合思维）。

最后，教师结合身边的实例，以"思考呼伦贝尔发展畜牧业的优势"这一问题引导学生将所学的知识和方法应用到具体的生活中，培养学生解决生活中问题的能力，提升学生的地理学科素养。

本节课中，教师用大概念问题教学模式统领单元教学内容，立足于培养学生的地理实践力，将本单元的核心问题确定为：运用图文资料、结合区域认知方法，描述东半球地区和国家的自然地理特征，探究其对生产生活的影响，将学生的地理核心素养培养落实到单元教学中。教师进行教学设计，学生借助图文资料，自主学习、合作探究畜牧业发展与当地自然地理特征的关系，体会到人地协调观、地理实践力、区域认知、综合思维在地理现象观察、分析、解决问题中的作用。这一系列的设计基于学生的真实生活情境展开，符合大概念核心问题教学的理念，可发展学生的地理核心素养，落实学生全面发展的培养要求。

二、课程分析：大概念核心问题教学效果明显

大概念核心问题教学是从学生自己的认知水平出发，结合生活实际，获得更高阶的知识。在生活中他们获得的知识是粗浅的、不成系统的，而学习的过程就如计算机程序一样，每一步都是有关联性的，使知识更加清晰、成熟、准确，使学生建构良好的认知结构。笔者将从大概念核心问题教学情境性、研究性、结构化阐明这节基于大概念核心问题教学课程的课堂效果。

大概念核心问题教学的情境性。本节课的情境性体现非常充分。课程开始就以学生发现超市里有欧洲西部大量牛奶、奶粉的情景导入，让知识来源于身边的生活；又以现在大家比较熟知的朋友圈打卡引出核心问题，既贴近生活又能引起兴趣。整节课围绕核心问题展开，使学生对欧洲西部的自然地理特征以及现代化的畜牧业发展的优势条件进行分析，并进一步引申到对中国呼伦贝尔地区发展畜牧业的优势分析。这些都来源于学生的真实生活情景，有助于激发学生的学习兴趣，更利于激发他们的缄默知识，从而更好地思考学习新的知识，提升学生的地理核心素养——地理综合思维、人地协调观。

大概念核心问题教学的研究性。本节课的问题来源于生活，教师引导学生用地理的学科方法去发现问题，用地理的思维方式认识自然环境，用地理的语言描述地理现象，并用地理学的地图法、区域认知法、综合思维来解决问题。学生的研究精神、实践能力等研究素养都得到了提升。"小组合作归纳自然特征，探究发展畜牧业的自然优势"的设计意在提升学生的地理学科素养，让学生明确人类活动要适应自然环境特征。"思考呼伦贝尔发展畜牧业的优势"让学生结合身边的实例研究其发展的优势，培养学生解决实际问题的能力。

学生本节课不仅习得地理知识，更习得了地理学习的学科方法。地理学习如果只是简单知识的识记而不是理解分析，那么每一个知识点都是孤立的，或者只有表面上的相关，这样的学习是无效的，学生的学科能力、研究能力也不会得到提升。只有在学习中将知识进行关联，研究其关联性并真正理解大概念，学生才能感受到学习的价值，进而对学习产生兴趣。

大概念核心问题教学的结构化。本节课充分发挥大概念核心问题教学的系统整合功能，整合本单元相关知识点。学生参与观看康康打卡足迹、归纳欧洲西部自然特征、探究畜牧业发展优势条件等活动，体会到地形、气候与人类活动的影响，树立人地和谐、因地制宜的农业发展理念，促使学生在结构化的学科问题研究情境中，发展核心素养。

本节课以大概念为核心整合了课程内容，以课程内容的结构化促成学生体验活动的结构化，以核心问题为引领，使学生活动情境化，以研究情境的结构化达成体验活动的结构化。

三、课程反思

从学科育人功能看，教学既要注重学科知识与学科核心素养的关联，又要注重问题情境、学科大概念生成运用与学生活动认知体验的关联，促进学生在对关联的深度体验中自主发展、学会学习、健康生活。本次课学科大概念生成运用与学生活动认知体验的关联显得不足，教师通过一步步的情景推演进入教学活动时，大概念的生成运用未得到充分体现，学生仅能在有限的情景中体验知识的联系性。建议在运用反馈环节让学生更关注可持续发展，使大概念得到广泛迁移。

为使大概念教学能更好地调动学生的学习积极性，教师需要加强学习，将大概念教学更好地作用于实际教学中，提升学生学科素养，实现立德树人的育人目标。

科研引领，提升学生核心素养

——吉祥物设计课带来的思考

周 鸣

摘 要：为提升学生核心素养，学校进行了校本课程开发。吉祥物设计课的执教教师用大概念核心问题进行教学设计。本文主要从大概念核心问题教学的"四性"，即科学性、情境性、关联性、研究性四个方面对课程进行评议，以探讨大概念核心问题教学如何提升学生的学科核心素养。

关键词：学生核心素养；大概念核心问题；生活情境

一、课程回顾

北京冬奥会留给人们很多美好的记忆，其中包括可爱敦厚的吉祥物"冰墩墩"。张艺谋为成都拍过城市宣传后，"成都，一座来了就不想离开的城市"，引发了无数外地人对成都这座幸福之都的向往。如何让学生在美术课上通过吉祥物的设计来创意表达"幸福成都"的内涵？川大附中初中部年轻的美术教师周方丽的课堂引起了笔者的浓厚兴趣。

周老师主要以"欣赏评述优秀活动类吉祥物的美，提炼活动类吉祥物设计的方法与原理"为核心问题，引导学生通过四个体验活动解决问题，然后归纳提炼出吉祥物设计的方法，最后学生运用本节课习得的吉祥物设计方法与理念，以吉祥物设计创意表达"幸福成都"的内涵。

课堂精彩纷呈，令人印象深刻。例如教师在解决问题环节，引导学生从"形之美"过渡到思考"意之美"，学生谈到大熊猫冰墩墩时说，它整个外形酷似大熊猫。这时，周老师顺势补充讲解，帮助学生理解冰墩墩的文化内涵：大熊猫是我们国家的国家级保护动物，是我们国家的一个特色。中国多次将它赠送给不同的国家和地区，一方面是为了传播中国的文化，另一方面是加强民众的团结。冰墩墩寓意着团结、吉祥、和平，它这样深厚的寓意就是它的什么美？学生都齐声回答"意之美"。老师对大熊猫的文化理解也启发了学生对冰

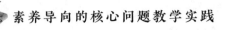

墩墩手上的"红色爱心"的理解：红色代表热情，爱心代表着欢迎。

学生在以冰墩墩为例的欣赏评述、探究体验活动中，自然提炼出了吉祥物设计的"意之美、形之美和名之美"。此后，通过运用反馈环节，学以致用，以吉祥物设计创意表达"幸福成都"的内涵。

二、评价思考

本文将从大概念核心问题教学设计的科学性、情境性、关联性、研究性谈谈笔者对本节课的评价思考与粗浅建议。

（一）科学性

教师的教学设计不仅对课标做了详细研究和解析，还依据学生学情进行内容设置：小学阶段学生已经能用基本美术语言表现自己的想法和感情，能为学校的活动设计物品，体会到设计能美化我们的生活（审美感知、艺术表现），但对吉祥物一类的美术设计作品，缺乏系统的美术设计知识、技能和思维方式训练。

从课程内容看，教师以严谨的态度确保美术学科知识及结构的科学性，又以吉祥物设计方法三要素形之美、意之美、名之美凸显美术学科知识形成及运用过程的科学性。在本节课最后总结道，通过本单元的手抄报、海报以及手提袋，还有本堂课的吉祥物设计，形成了我们幸福成都系列的作品展示。吉祥物除了可以有平面的观赏价值之外，还可以有实际使用价值。设计源于生活，也服务于生活。

可以看出教师既注重通过对美术知识的理解与内化讲授正确的美术观念，又注重通过美术知识的形成与运用形成科学的美术思维，把握美术学科本质，促进学生在构筑吉祥物设计文化的基础上树立正确的价值观念。

（二）情境性

从课程育人看，成都是一座既传统又现代的宜居城市，但是还没有比较形象的吉祥物来直观表达"幸福成都"的内涵。从课程内容看，本节课学生欣赏评述冬奥会吉祥物冰墩墩的美，提炼活动类吉祥物设计的方法与原理，为"幸福成都"设计吉祥物，是学生真实生活情境的整合。

这次课程，教师从学生生活情境中提出美术学科问题——吉祥物的设计，并在"欣赏评述冬奥会吉祥物之美"的探索情境中加以解决问题，引导学生从原型意之美、形象（手法、图画、色彩）形之美、名字名之美中总结得出"活动类吉祥物设计的方法与原理"。

学生在运用以上方法设计出"幸福成都"吉祥物后，各组做了交流展示。学生们通过观察，从原型、外形、名字进行设计，基本能选择具有代表性的成都特色的元素。比如：以敦厚可爱的大熊猫、成都名小吃三大炮、成都市花芙蓉花为元素；也有以盖碗茶、川剧、火锅为设计元素的；还有学生以成都特有常用俗语"巴适"为吉祥物取名，来赞美成都人的幸福生活。

（三）关联性

从课程内容看，为了让学生掌握活动类美术设计的设计知识、技能和思维方式，教师采用分析作品、讨论问题、归纳总结的方式进行引导，让学生能够从事物的典型形象揭示事物的本质。教师还在课前让学生收集图片和作品，由艺术节主题发散联想相关元素，根据主题合理选择图像，为学生展开创意提供参考。

本节课通过创新思维（联想与想象、发散与聚合、抽象思维与具象思维结合）训练，使学生能形成艺术设计中的审美观、联系观、整体观和文化理解。通过本单元的手抄报、海报以及手提袋，还有本堂课的吉祥物设计，学科内容被结构化。

从课程育人看，课程既注重美术学科吉祥物设计知识与方法与美术学科核心素养的关联，又注重学科知识的生成及运用过程与学生活动认知体验的关联。课程活动促进学生从对关联的深度体验中积淀吉祥物设计的文化基础。

（四）研究性

从课程内容看，在本节课的解决问题研究环节中，教师强调以学科的研究思维分析并解决问题。在创新思维的发散与聚合这方面，教师做了比较好的引导。在让学生交流"吉祥物冰墩墩美在哪里"时，学生的思维只集中在图形和名字方面，说到了冰墩墩的设计用了拟人化的表现手法。这时教师让学生注意它的色彩之美。这个问题抛出后，学生热烈讨论起来，一位学生说到"冰墩墩运用了奥运五环的色彩，还有我们国家速滑馆冰丝带的颜色，给人灵动朦胧的感觉"时，教师继续追问："那冰墩墩还有哪些颜色呢？"学生注意到冰墩墩身体的主要颜色就是大熊猫的黑白色。

学生的思维在教师的引导中碰撞出更热烈的火花，课堂也随之步步深入。从课程育人看，整个课堂，学生是在观看视频、独立思考、小组讨论、相互交流、亲自设计、展示评价的活动中亲历吉祥物的设计研究活动，这样的深度体

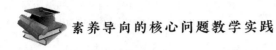

验可培养学生的社会责任感、研究精神、实践能力等研究素养。

　　教师在提升学生美术学科素养"文化理解"时，可以把"讲解式"改为"启发式"，这样能更好调动学生参与性。在引导学生欣赏冰墩墩时，采用提问的方式似乎效果更好，更能激发学生思考。

让艺术之光照耀生活

——浅议大概念教学在吉祥物设计课中的践行

徐术根

摘　要："新教材实施的大概念核心问题教学研究"是川大附中初中部在2022新课程标准颁布后，更深化、更具体的校本研修路径。吉祥物设计一课以真实生活情境和学习探索情境中核心问题的创造性解决为抓手，推动以大概念与学科核心素养发展为中介的学习活动，以发展学生核心素养，落实学生全面发展、学会研究的学习素养培育。

关键词：大概念教学；真实生活情境；学习探究

2022—2023学年上期，川大附中初中部组织全体教师学习了"新教材实施的大概念核心问题教学研究"专题，这是在2022年新课程标准颁布后的深化的、具体的校本研修路径，是跟随国家教育发展动向，全面实施新课程新教材，提升教育教学质量的一条有效途径。

教育教学的最终目的是让学生在未来可以成功解决真实情境中的复杂问题。我校"大概念的核心问题教学"研究，正是以真实生活情境和学习探索情境中核心问题的创造性解决为抓手，推动以大概念为课程内容与学科核心素养发展中介的学习活动，发展学生核心素养，落实学生全面发展且学会研究的学习素养培育。本学期周方丽老师的校本教研公开课"吉祥物设计"正是这一教学理念的积极践行。

一、课程回顾：大概念课程理念设定

（一）课程回顾

（1）课前：教师指导学生设计了"幸福成都艺术节"的精美手抄报、手提袋等。

（2）课中：教师引导学生观察冬奥会吉祥物"冰墩墩"。学生发现，冰丝带很美，小红心很温馨，以大熊猫为原型很可爱，熊猫在和世界人民招手致意，冰晶外壳也很时尚等。教师指导学生进一步从图形构建、色彩搭配、内涵深厚（奥运五环、大熊猫、拟人化手法）等角度发现该吉祥物的美。学生经过教师的点拨，将冰墩墩的美归纳为三个方面：

意之美：礼仪之邦的文化，大熊猫代表的团结、吉祥、热情、友爱。

形之美：冰丝带代表的活泼、灵动，冰墩墩寓意运动员强健的身体。

名之美：冰墩墩名称中的叠词好听好记。

以上梳理归纳让学生得出吉祥物设计的一般原理和方法，可从"意""形""名"三个方面去设计构想，才能让吉祥物的设计不随意，不偏移主题，既好看又内涵深刻。

（3）教师让学生分小组设计"幸福成都"吉祥物并分享自己的设计元素。

第1组：三大炮组，将大熊猫和美食三大炮融为一体。第2组：大熊猫组，将大熊猫和川剧变脸融为一体，体现了跨界的文化交流，表现了学生丰富的想象力。第3组：火锅组，大熊猫吃火锅（火辣员谣）。第4组：芙蓉花组（福蓉融）。第5组：麻将组。几个小组分别分享了各自的设计理念、设计元素等。

（二）课程大概念设计及分析

周老师将课程的大概念设定为：整个世界是相互联系的统一整体，要用联系的观点看问题。

教师在指导学生参与对冰墩墩的赏析评述、提炼吉祥物设计方法与原理的过程中，清晰地提炼了吉祥物设计的三个需要注意的事项。学生也在教师的指导下，提炼设计要素，并自主设计出一个个精彩美观的幸福成都吉祥物。这一过程体现了学生的核心素养如审美感知、艺术表现、创意实践等。学生能运用课堂所学设计幸福成都艺术节吉祥物，也积淀了审美感知、艺术表现、创意实践、文化理解等素养。学生由此感受到美术设计中意、形、名是吉祥物设计的三要素，以及审美观、联系观、整体观和文化理解在美术设计中的作用。

二、课程解析：大概念教学效果体现

从质上看，大概念教学强调教学环节中大概念的生成、理解、运用，强调通过大概念促进教学内容与学生素养发展的关联。

大概念教学可以打通学科知识以及学校教育和现实世界之间的路径。要想改变当下教育中"作为专家结论的学科知识",而不是"具有生活价值的专家思维"的现状,就需要改变教学理念。在大概念教学中,学生带着在生活中获得的粗糙的经验,而学习的过程就如雕刻一样,能够使这些知识更加清晰、成熟、正确。

(一)大概念教学整合零散知识

在课程中,学生已有美术设计基础,对吉祥物有基本了解。但学生的已知是零散的,在教师的引导下,学生将最初的零散知识整合为"意""形""名",并运用这些知识自主设计作品。

(二)用联系的观点看问题

如果我们的知识只是课本上的小概念,没有上升到大概念,那么,走出学校后,那些小概念就会因为再也没有被运用的机会而被遗忘。在课程里,学生建立了"整个世界是相互联系的统一整体,要用联系的观点看问题,反对孤立地看问题"的大概念,从一个具体的冰墩墩作品分析,抽象提炼设计理念,具体运用于自己的作品,走的就是高通路迁移的大概念教学路径。

(三)大概念教学提升学生学习兴趣

大概念教学强调预期学习结果,从而让学习有了明确的方向。在课程汇总阶段,学生兴致勃勃地设计了手抄报、手提袋等精美的主题作品。课堂上,学生自主设计的吉祥物更是外形内涵皆美,让师生叹为观止。学生之所以有如此大的创造力,源于兴趣。大概念教学强调挑战性,复杂的真实问题会被大脑优先接收。大概念教学中的"预测"成功也会带来成就感。教师设定的自主设计吉祥物活动,就是为学生设定了挑战性,并且也能让学生预测到自己的成功。看着作品在自己手里诞生,学生的学习成就感会增强。

三、课程反思:大概念特征化表达与关联体验目标表达

尽管该课程作为我校大概念教学的先驱之作有不少亮点,但是教师在大概念特征化表达与关联体验目标表达的关联思考中,也有一些明显的不足。

课程未明确关联体验目标,未强调学生应该体验哪些关联,对关联内容强调不足。教师预先设定的课程概念结论是:整个世界是相互联系的统一整体,要用联系的观点看问题,反对孤立地看问题。艺术节吉祥物的设计要根据艺术

节主题背景收集创作素材，不能想当然地选择自己喜欢的元素进行创作。吉祥物中元素的使用应符合主题。但是在实际课堂表现中，教师对大概念课程理念强调不够，导致学生在最后只是分享一个个独立的作品，未能用课程方法进行评价鉴赏，课程大概念的浸润没有得到有效强化。

对此，笔者有以下几点建议：

首先，教师在"鉴赏冰墩墩的美"环节中，引导学生进入分析梳理后，应明确提炼课程大概念。在指导学生梳理零散的特征表达时，教师提到了冬奥会、中国文化等理念后，可以更明确地指导学生思考：能够代表中国的元素很多，为何冬奥会独独选择大熊猫？这里体现了怎样的与世界相连的理念？

其次，在学生的自主设计中，学生为"幸福成都"艺术节选择了大熊猫、川剧变脸、火锅、茶叶、麻将等诸多元素，但教师并未指导学生将这些元素的主题意义、其与课程大概念的关联阐述出来，学生也并未能将第一环节中所学到的形之美、名之美、意之美用于对同学的设计进行评价。学生若能对吉祥物的设计与衍生运用的思想方法进行评价，如从"以事物的典型形象揭示事物本质和规律的认识"的角度，掌握吉祥物设计的一般方法和原理；从"创新思维"的角度，观察到吉祥物元素组合的方法；根据辐射思维，利用思维导图收集该主题的素材，加强知识的关联性……学生就能更好地理解并生成自己对课程大概念的独特认识。

综上所述，大概念教学是一条高通路迁移的、能更好地调动学生积极性以解决实际生活问题的教学新道路，教师可以多研究多实践，将其更好地运用于实际教学中。

践行大概念教学，提升学生核心素养

——以吉祥物设计课为例

李　蓁

摘　要：吉祥物设计一课很好地体现了大概念的特性：中心性、可迁移性、高阶性、网络性、可持久性。学生也在参与吉祥物的赏析、评述中，理解了吉祥物设计中的意之美、形之美、名之美，并能借助感悟，在审美认知、艺术呈现、文化理解、创意实践等方面得到提升，设计出"幸福成都"艺术节的吉祥物。

关键词：大概念；课程重构；核心素养

学科大概念是指用相关的主题或概念、有争议的结论或观点表达具体学科知识背后的核心内容和核心教学任务。大概念隐含于具体小事物之中，更具有普遍解释力，在教育教学实践中具有较好的指导意义。

为了以学科大概念促进核心素养的落实，更好促进核心课程理念融入具体的教学中，周方丽老师开设"吉祥物设计"一课，对学科大概念的教育理念进行了很好的融合，以美术学科大概念的实践为依托，进行了初中美术课程的教学设计与教学实践研究。

一、中心性的体现

大概念的"大"，非宏大、非广大、非根本，乃"核"也，是将多门学科连贯起来，整体反映学科的思维方式和主要观点，在基本事实的基础上抽象出学科主干、中心、深层意义。

周方丽老师在这节课中，首先利用 VR 展示吉祥物，将学生引入学习情境，并顺势提出核心问题——梳理并提炼活动类吉祥物设计的方法和原理，鉴赏和评述优秀活动类吉祥物的美。

接着教师播放关于吉祥物冰墩墩的设计理念和寓意的视频，引导学生尝试提炼和剖析冰墩墩的内涵美和造型美。教师精心选择了与学生生活联系紧密的案例。在实施课程的过程中，老师采用图文结合、动态相宜的形式，让学生能在现代科技的引领下，快速进入学习状态，自己动手寻找答案。在观看视频前，提出问题，让学生带着问题去思考，培养学生主动探究的能力。

二、可迁移性的体现

大概念辨析是对学科的深入理解，可迁移性是大概念的根本之所在。学生不是单纯学习最表面的内容，更要学习知识点背后的隐性内容，敢于去发现、探究知识现象背后的原因，从而提升自身知识迁移和解决问题的能力，真正做到学有所获、学有所成。可迁移性是学生学习过程中的关键工具，它可以被应用于许多其他的学科中。

周老师在教学中引导学生总结吉祥物鉴赏的三个要点，即意之美、名之美、形之美，最后让学生分小组设计"幸福成都"主题吉祥物。任何艺术创作都源于生活，学生将所学知识迁移到实际设计中去，结合具体问题，可实现知识点的落实迁移，从而实现将理论知识运用于实际生活。

三、高阶性的注入

教师针对学科大概念的内涵与价值，提出以五大核心素养为标杆，挖掘美术课程标准，对美术教材进行解构重组，对相关内容主题进行分析，对美术知识的内涵进行深度挖掘，促进学生元认知的形成。

周方丽老师根据美术学科大概念，确定课程内容，设计了相应的具体实施路径，教学时对教学形式不断优化，调整考核办法，对基本问题进行拆分，设计出了体验探究式的教学模式。

教学评价时利用学业表现任务制定六个维度，教学活动中引导学生从学习原动机出发，对吉祥物的相关性质进行交流、分析和探究。最后，课程以小组展示的方式进行了总结、分析和反思。学生通过单元课程的学习，增强了学习的主动性和积极性，进一步提升了元认知能力。

四、网络性的体现

大概念可使事实更容易理解，能够把个别的知识聚合成网。在课堂上，教师引导学生将那些零碎的、片段的知识统筹起来，从而提升了学生的元认知能力，能够将两个或者更多知识领域连接形成网络结构。

五、持久性的体现

学生通过所学，能运用造型元素、掌握欣赏方法，领略不同类别美术作品的差异性和多样性；能运用传统工具以及习得的美术知识、技能和思维，设计一个有创意、有内涵的平面吉祥物，提升学生的创意表达能力。

课程使学生掌握了吉祥物设计的基础知识和基本技能，提高了学生的动手能力、空间想象力和创造力，加强了社会生活、学生经验之间的联系，使学生掌握的技能具有持久性。

六、意义价值的体现

在课堂中，学生在审美感悟、艺术表现力、创意实践等方面得到了很好的训练。参与冰墩墩的赏析、评述，理解吉祥物设计中的意之美、形之美、名之美，使学生在审美认知、艺术呈现、文化理解、创意实践等方面得到了提升，从而设计出"幸福成都"艺术节的吉祥物。课堂上，教师给学生提供了许多讨论问题、观点的机会，让这堂课变得更有意义、更有价值。

对于这堂课，个人有一点不成熟的建议：在学生评价的这一环节，教师可以引导学生结合自己设计的吉祥物的特点及其作用加以评价，这样学生的评价会更加精准。

参考文献

[1] 王相强. 基于"大概念"视角理解核心素养培育 [J]. 数学教学通讯，2019（33）：60－61.

[2] 王大根. 关于美术课程四个学习领域的讨论 [J]. 画刊（学校艺术教育），2013（1）：4－5.

[3] 丁茹. 在学科综合中拓展教学的内容和方式——美术学科不同学习领域综合的探索 [J]. 画刊（学校艺术教育），2013（3）：22－23.